GIB NICHT AUF! →

10 WEGE FÜR MEHR KREATIVITÄT AN GUTEN UND SCHLECHTEN TAGEN

AUSTIN KLEON

mosaik

Die amerikanische Originalausgabe erschien 2019 unter dem Titel
»KEEP GOING« bei Workman Publishing, New York.

Penguin Random House Verlagsgruppe FSC® N001967

2. Auflage
Deutsche Erstausgabe Mai 2020

Handschrift: Radek Petřík, nach einer Vorlage von Austin Kleon
Umschlag: Sabine Kwauka, nach einem Entwurf von Austin Kleon
Satz: Uhl + Massopust, Aalen
Druck und Bindung: PB Tisk, a.s., Pribram
Printed in the Czech Republic
KW · TW
ISBN 978-3-442-39364-0

www.mosaik-verlag.de

FÜR MEGHAN + OWEN + JULES
(IHRETWEGEN MACHE ICH WEITER)

MITGEHÖRT AN BORD DER TITANIC

»Ich meine, klar, wir sinken«,

Aber

die

Musik

ist

vortrefflich

»Ich muss einfach kreativ bleiben, denke ich, nicht um etwas zu beweisen, sondern weil es mich glücklich macht ... Ich glaube, kreativ sein zu wollen und sich kreativ zu beschäftigen heißt oft gleichzeitig auch, am Leben zu bleiben.«

Willie Nelson

ICH HABE DIESES BUCH GESCHRIEBEN, WEIL ICH ES LESEN MUSSTE.

Noch vor ein paar Jahren bin ich morgens aufgewacht, habe auf dem Smartphone Nachrichten gelesen und jedes Mal das Gefühl gehabt, als wäre die Welt über Nacht einfach nur noch bescheuerter und fieser geworden. Ich war damals seit mehr als zehn Jahren als Autor und Künstler tätig; trotzdem schien es nicht leichter zu werden. *Sollte es mit der Zeit nicht leichter werden?*

Es wurde tatsächlich leichter, als ich irgendwann meinen Frieden mit der Erkenntnis gemacht hatte, dass es womöglich *nie* leichter

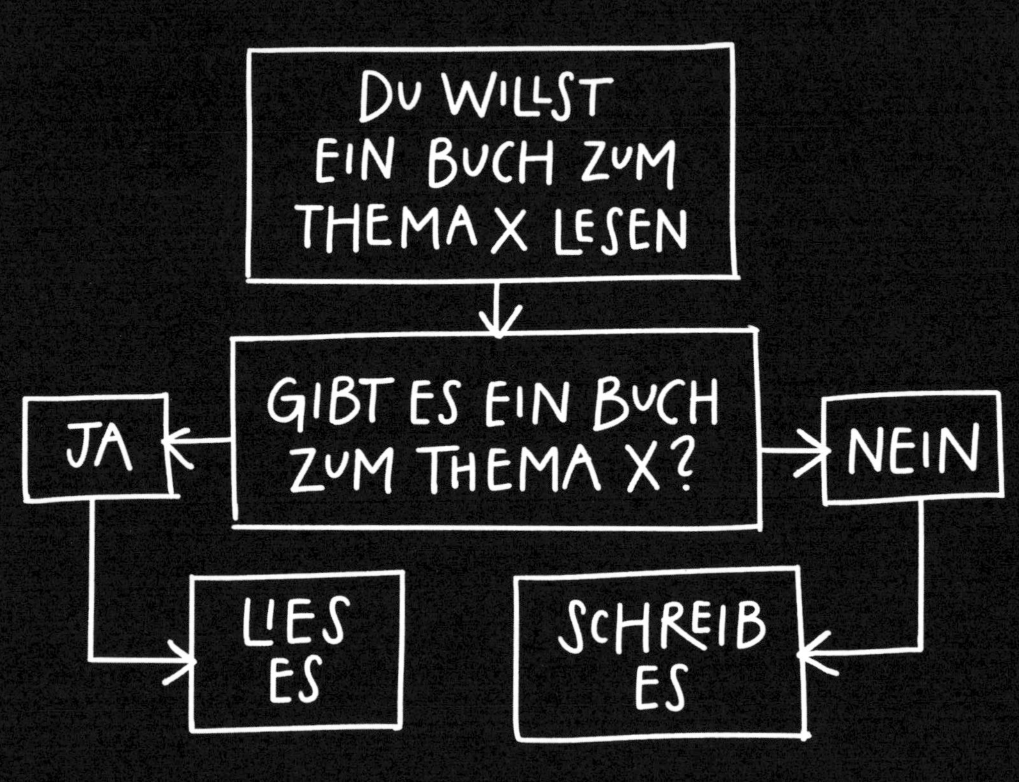
DU WILLST
EIN BUCH ZUM
THEMA X LESEN
GIBT ES EIN BUCH
ZUM THEMA X?
JA
NEIN
LIES
ES
SCHREIB
ES

würde. Diese Welt ist nun mal verrückt. Kreativarbeit ist ein hartes Brot. Das Leben ist kurz und die Kunst unendlich.

Ganz egal ob du ausgebrannt bist, noch mal neu oder überhaupt erst mal anfangen willst oder ob du schon irre erfolgreich bist – die Frage ist doch immer die gleiche: Wie mache ich weiter?

Dieses Buch enthält zehn Weisheiten, die mir geholfen haben. Ich habe dieses Buch erst einmal für Autoren- und Künstlerkollegen geschrieben, finde aber, dass es sich für jeden eignet, der versucht, ein sinnerfülltes, produktives Kreativleben zu führen: Unternehmer beispielsweise, Lehrer, Schüler und Studenten, Rentner oder politische Aktivisten. Viele dieser Erkenntnisse sind nicht auf meinem Mist gewachsen, sondern geklaut, und vielleicht lohnt es sich für dich, dir ebenfalls das eine oder andere zu eigen zu machen.

Dabei gibt es keine Regeln. Natürlich nicht. Leben ist Kunst, nicht Wissenschaft. Und Bedürfnisse sind unterschiedlich. Nimm dir, was dir nützlich erscheint, und lass den Rest links liegen.

Dann geh den nächsten Schritt und pass auf dich auf.
So mache ich es auch.

1 UND GRÜSST MURM

TÄGLICH DAS ELTIER

EIN TAG NACH DEM ANDEREN

»Keiner von uns weiß, was auf uns zukommt. Vergeude deine Zeit nicht damit, dir darüber den Kopf zu zerbrechen. Mach das Beste aus allem. Versuch es Tag für Tag von Neuem. Mehr geht nicht.«

Laurie Anderson

Wann immer jemand anfängt, von einer »kreativen Reise« zu sprechen, muss ich leider die Augen verdrehen.

In meinen Ohren klingt das viel zu hochtrabend, viel zu heldenhaft.

Die einzige kreative Reise, auf die ich mich je begeben habe, sind die zehn Schritte von unserer Hintertür in mein Atelier in der Garage. Dort setze ich mich an den Schreibtisch, starre ein weißes Blatt Papier an und denke mir: »Habe ich das Gleiche nicht schon gestern gemacht?«

Wenn ich Kunst erschaffe, fühle ich mich nun mal nicht wie der reisende Held Odysseus. Eher wie Sisyphos, der seinen Felsbrocken den Berg hochwuchtet. Wenn ich arbeite, fühle ich mich auch nicht wie Luke Skywalker. Ich fühle mich eher wie Phil Connors aus dem Film *Und täglich grüßt das Murmeltier.*

Für all diejenigen, die den Film nicht gesehen haben: *Und täglich grüßt das Murmeltier* kam 1992 in die Kinos. Bill Murray spielt die Hauptfigur, Phil Connors, einen Fernseh-Wetterfrosch, der in eine Zeitschleife gerät und Morgen für Morgen am 2. Februar – am Murmeltiertag – in Punxsutawney, Pennsylvania, aufwacht.

Punxsutawney ist die Heimat des berühmten Murmeltiers Punxsutawney Phil. Wenn Murmeltier Phil am Murmeltiertag wach wird und seinen Schatten sieht, dauert der Winter weitere sechs Wochen. Wetterfrosch Phil wiederum hasst Punxsutawney, und das Kaff wird zu einer Art Vorhölle für ihn. Er tut alles, was in seiner Macht steht, um endlich von dort wegzukommen, doch der 3. Februar bricht einfach nicht an. Für Phil ist der Winter unendlich. Egal was er unternimmt – er wacht trotzdem jeden Morgen wieder im selben Bett auf, um denselben Tag zu erleben.

In einem Moment tiefster Verzweiflung wendet er sich in einer Bowlinghalle an der Bar an zwei Besoffene: »Was würdet ihr machen, wenn ihr plötzlich irgendwo festsitzen würdet, und jeder Tag wäre haargenau derselbe, und nichts würde daran was ändern?«

Diese Frage muss Phil im Laufe des Films für sich beantworten – genau wie wir sie für uns und unseren weiteren Lebensverlauf beantworten müssen.

Ich glaube, die Antwort auf diese Frage bestimmt unsere Kunst.

jeder

Tag

fängt

wieder
bei null an

Ich bin beileibe nicht der Erste, der *Und täglich grüßt das Murmeltier* als die womöglich beste Parabel auf unsere Zeit ansieht. Harold Ramis, der Regisseur und Drehbuch-Koautor, erzählte mal, er habe unzählige Briefe von Priestern, Rabbis und Mönchen erhalten, die alle die spirituelle Botschaft des Films gepriesen und sie für ihre jeweilige Religion vereinnahmt hätten. Ich persönlich finde ja, der Film hat vielmehr eine besondere Relevanz für all diejenigen, die kreativ arbeiten. Denn ein kreatives Leben verläuft nicht linear. Es entspricht keiner geraden Strecke von A nach B, eher einer Schlangenlinie oder einer Schleife, in der man nach jedem Projekt wieder zu einem neuen Ausgangspunkt kommt. Ganz gleich wie erfolgreich man dabei ist, egal wie viel Anerkennung man erntet – man kommt doch nie wirklich an ein »Ziel«. Mal abgesehen vom Tod gibt es im Künstlerleben keine Zielgerade und kein Renteneintrittsalter. »[T]rotz der großen Dinge, die Ihnen gelungen sind«, schreibt der Musiker Ian Svenonius, werden »die anderen Gäste bei einer Dinnerparty […] Sie fragen: ›Und was nun?‹«

Die wirklich erfolgreichen Künstler, die ich kenne, haben auf die Frage nach dem »Was nun?« immer eine Antwort parat, weil sie eine *tägliche Routine* entwickelt haben – eine jederzeit wiederholbare Arbeitsweise, die sie von Erfolg, Misserfolg und dem Chaos in der Welt dort draußen abschirmt. Sie alle haben identifiziert, womit sie ihre Zeit verbringen wollen, und daran arbeiten sie Tag für Tag, ganz gleich, was sonst noch passiert. Egal ob ihr jüngstes Werk auf Ablehnung, Missachtung oder auf großes Hallo gestoßen ist – sie wissen genau, dass sie tags darauf trotzdem erst einmal aufstehen und sich ihrer Arbeit wieder neu widmen müssen.

Wir haben so wenig Kontrolle über unser Leben; im Grunde können wir nur beeinflussen, womit wir unsere Zeit verbringen, sprich: was wir tun – und wie intensiv wir uns damit beschäftigen. Es mag weit hergeholt klingen, aber ich glaube tatsächlich: All denjenigen von uns, die künstlerisch tätig sein wollen, kann gar nichts Besseres passieren, als so zu tun, als würden wir die Hauptrolle in unserem ganz eigenen *Murmeltier*-Film spielen. Gestern war gestern. Es könnte durchaus sein, dass es kein Morgen gibt. Es gibt nur ein Heute und all das, was man daraus machen kann.

»Die Kämpfe eines einzigen Tages auszufechten – das schafft jeder«, schreibt Richmond Walker in seinem Meditationsratgeber

HEY
HEY

NA, WORAN ARBEITEST DU GERADE?

AN EINEM GRUND, MORGENS AUFZUSTEHEN.

JA, ICH AUCH.

für trockene Alkoholiker, *Twenty-Four Hours a Day.* »Wenn Sie und ich sämtliche Bürden dieser beiden grässlichen Ewigkeiten – Gestern und Morgen – addieren, brechen wir darunter zusammen. Es ist nicht die Erfahrung des Heute, die Menschen in den Wahnsinn treibt. Es ist die Reue oder Verbitterung angesichts eines gestrigen Ereignisses und die Angst vor dem, was der morgige Tag bringen mag. Geben wir also unser Bestes und leben schlicht einen Tag nach dem anderen.«

Auf einer kreativen Reise werden wir weder zum triumphierenden Helden gekrönt noch leben wir fortan glücklich bis ans Ende unserer Tage. Die wahrhaft kreative Reise ist jene, in der wir – wie Phil – Tag für Tag von Neuem aufwachen und uns eine Menge Arbeit bevorsteht.

ENTWICKLE EINEN FESTEN TAGESABLAUF.

»Handwerk und Routine sind natürlich weniger sexy als properes künstlerisches Genie. Aber sie helfen einem dabei, nicht verrückt zu werden.«

Christoph Niemann

Es gibt immer gute und schlechte Tage. Tage, an denen man sich inspiriert fühlt, und Tage, an denen man am liebsten von einer Brücke springen will. (Und an manchen Tagen kann man das nicht einmal unterscheiden.)

Ein fester Tagesablauf trägt einen durch den Tag und hilft, das Beste daraus zu machen. »Ein Tagesplan hilft, Chaos und wunderliche Einfälle einzudämmen«, schreibt Annie Dillard. »Er ist wie ein Netz, mit dem man den Tag einfängt.« Wenn man also nicht weiß, was man als Nächstes tun soll, wird es einem der Tagesplan sagen.

Wer immer wenig Zeit hat, dem wird der Zeitplan helfen, aus der wenigen Zeit das Beste zu machen. Wenn man alle Zeit der Welt hat, hilft der Tagesplan sicherzustellen, dass man seine Zeit nicht vertrödelt. Ich habe immer geschrieben – während ich Broterwerbsjobs hatte, während ich Vollzeit von zu Hause aus gearbeitet und während ich auf kleine Kinder aufgepasst habe. Das Geheimnis, unter solchen Bedingungen weiter zu schreiben, ist ein Stundenplan – an den man sich hält.

JEDEN TAG:

- EIN KLEINES LIED HÖREN
- EIN GUTES GEDICHT LESEN
- EIN TREFFLICHES GEMÄLDE SEHEN
- EINIGE VERNÜNFTIGE WORTE SPRECHEN

— GOETHE

In seinen *Musenküsse*-Büchern listet Mason Currey die Rituale von über hundert Kreativköpfen auf: wann sie aufstehen, wann sie arbeiten, was sie essen, was sie trinken, wie sie die Arbeit vor sich herschieben und so weiter und so fort. Das Buch ist im Grunde eine bunte Collage aus menschlichen Verhaltensformen. Allein nachzulesen, wie sich Schriftsteller verhalten, kommt einem vor wie der Besuch in einem menschlichen Zoo: Franz Kafka beispielsweise schrieb nachts, während die restliche Familie schlief. Sylvia Plath schrieb frühmorgens, bevor die Kinder wach wurden. Honoré de Balzac schlürfte eine Tasse schwarzen Kaffee nach der anderen. Friedrich Schiller schnüffelte faule Äpfel. Roald Dahl musste erst sechs Bleistifte bereitlegen, bevor er mit der Arbeit loslegen konnte.

Es macht ohne jeden Zweifel Spaß, diese Routinen und Rituale kreativer Köpfe kennenzulernen. Was aber nach einer Weile umso klarer wird: Es gibt keine perfekte, keine universell anwendbare Routine für die Kreativarbeit. »Das individuelle Ritual ist eine hoch spezifische Mischung aus Kompromissen, Neurosen und Aberglauben«, schreibt Currey an anderer Stelle, »die sich über *trial and error* unter verschiedensten äußeren

Bedingungen herauskristallisiert hat.« Man kann sich nicht einfach das Lieblingsritual seines Lieblingskünstlers ausleihen und erwarten, dass es für einen selbst funktioniert. Wir alle haben die unterschiedlichsten Verpflichtungen – Jobs, Familie, Sozialleben –, und kreative Köpfe haben nun mal unterschiedliche Temperamente.

Um unsere eigene Routine zu finden, müssen wir Zeit aufwenden und unsere Tagesabläufe und Stimmungen analysieren. Wo befinden sich in unserem Tagesablauf Freiräume? Was könnte man weglassen, um mehr Freiraum zu schaffen? Sind wir Frühaufsteher oder Nachteulen? (Ich kenne nur wenige Leute, die nachmittags am besten arbeiten. Oder wie Charles Dickens schreibt: »Mir ist diese Zwitterzeit, wo es weder Tag noch Nacht ist, verhasst.«) Gibt es ein unvernünftiges Ritual oder einen Aberglauben, der uns in kreative Stimmung versetzt? (Ich schreibe dies mit einem Bleistift, der wie eine Zigarette bemalt ist und öfter mal in meinem Mundwinkel steckt.)

die Muse

wird mich

überraschen

wenn

ich

jeden Tag aufkreuze
und

sage,

»Bist du dabei?«

Ich vermute mal, dass feste Abläufe und Zeitpläne für manch einen nach Gefängnis klingen. Aber »sitzen« wir nicht alle in gewisser Hinsicht »unsere Zeit ab«? Als der Rapper Lil Wayne im Knast saß, ertappte ich mich dabei, wie ich ihn um seinen Tagesablauf beneidete: aufstehen gegen 11 Uhr, anschließend Kaffee trinken, telefonieren, duschen, Fanpost durchsehen, Mittag essen, telefonieren, lesen, schreiben, Abend essen, ein paar Push-ups machen, Radio hören, lesen, schlafen. »Mannomann, wetten, ich würde jede Menge schreiben, wenn ich im Knast säße«, habe ich damals zu meiner Frau gesagt. (Und als ich dann Alcatraz besichtigt habe, fand ich, das wäre die perfekte Autorenresidenz. *Und erst die Aussicht!*)

So ein bisschen Knast – selbst gewählt natürlich – kann einen wirklich beflügeln. Denn statt Freiheiten einzuschränken, kann die Routine uns Freiheiten *schenken*, indem sie uns vor den Höhen und Tiefen des Lebens bewahrt und dabei hilft, das Beste aus unserer beschränkten Zeit, Energie und aus unserem Talent zu machen. Die Routine fördert gute Angewohnheiten, die das Beste in uns hervorbringen.

Und was ich noch viel cooler finde: Wenn jeder Tag mehr oder weniger gleich gestaltet ist, dann kommen einem die Tage, die anders verlaufen, umso interessanter vor. Es gibt doch nichts Spannenderes als einen Gefängnisausbruch! Und Schule zu schwänzen macht doch nur halb so viel Spaß, wenn man gar nie zur Schule gegangen ist.

Woraus unsere täglichen Routinen bestehen, ist dabei gar nicht so wichtig. Wichtig ist vor allem, dass es Routinen gibt. Puzzeln wir unsere eigene Routine zusammen, halten wir uns an den allermeisten Tagen dran, lassen wir sie hin und wieder zum Spaß außer Acht und passen sie an, wo es erforderlich ist.

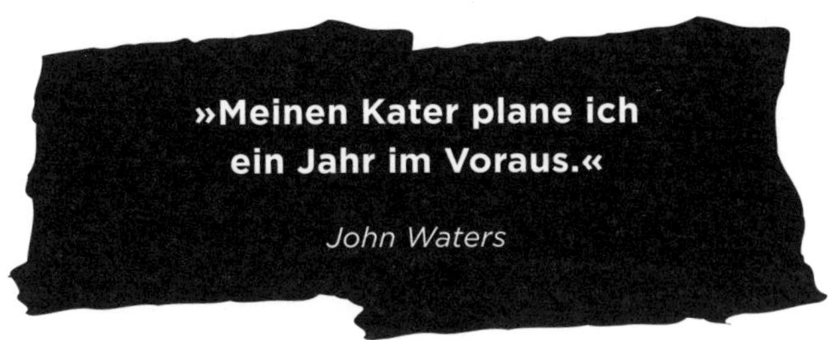

SCHREIBE LISTEN.

»Ich schreibe Listen, um meine Ängste unter Kontrolle zu halten. Wenn ich fünfzehn Sachen aufschreibe, die getan werden müssen, verfliegt dieses vage, nagende Gefühl, ich müsste schier unmögliche Mengen erledigen, die mir ansonsten garantiert durchgerutscht wären.«

Mary Roach

Listen bringen Ordnung in ein chaotisches Universum. Ich persönlich *liebe* Listen. Wann immer ich wieder einen Überblick über mein Leben brauche, schreibe ich Listen. Mithilfe von Listen leere ich sämtliche Ideen aus meinem Kopf, bereinige meine mentale Speicherplatte und kann endlich etwas aus den Ideen machen.

Wenn mir alles zu viel wird, greife ich zur guten alten To-do-Liste. Ich schreibe mir auf, was erledigt werden muss, und dann nehme ich mir das Wichtigste vor und erledige es. Es wird von der Liste gestrichen, und weiter geht's mit dem nächsten Punkt. Und so weiter.

Einige meiner Lieblingskünstler erstellen »To draw«-Listen. David Shrigley zum Beispiel schreibt sich fünfzig Dinge auf, die er in der folgenden Woche zeichnen will. Dank seiner Liste verschwendet er im Atelier keine Zeit mehr darauf, erst zu überlegen, was es denn heute wohl werden soll. »Diese einfache Lektion«, sagt er, »habe ich über die Jahre gelernt: Man braucht einen Startpunkt. Sobald man einen Startpunkt hat, scheint sich die Arbeit ganz von alleine zu machen.«

EIN PAAR HINWEISE AN MICH SELBST →

WIE MAN GLÜCKLICH WIRD

1. ALTE BÜCHER LESEN.
2. LANGE SPAZIEREN GEHEN.
3. KLAVIER SPIELEN.
4. KUNST MIT KINDERN MACHEN.
5. ANARCHISCHE KOMÖDIEN ANSCHAUEN.
6. SOUL HÖREN.
7. TAGEBUCH FÜHREN.
8. NICKERCHEN MACHEN.
9. DEN MOND BETRACHTEN.
10. BESCHEUERTE LISTEN SCHREIBEN.

Leonardo da Vinci schrieb »To learn«-Listen: Er stand morgens auf und notierte sich alles, was er an diesem Tag lernen wollte.

Wenn es etwas gibt, was ich in nächster Zukunft erledigen will, wofür ich im Augenblick jedoch nicht die Zeit habe, dann setze ich es auf meine »Demnächst/Vielleicht«-Liste, wie Effizienz-Experte David Allen es nennt. Der Autor Steven Johnson führt ebenfalls so eine Liste und nennt sie sein »Funken-Dokument« – wann immer er einen Geistesblitz hat, schreibt er ihn auf, und alle paar Monate geht er diese Liste durch.

Mitunter ist es genauso wichtig aufzulisten, was man *nicht* machen will. Die Mitglieder der Punkband Wire konnten sich beispielsweise nie auf etwas einigen, was sie alle gut fanden. Allerdings waren sie sich ziemlich einig darin, was sie alle *nicht* gut fanden. Entsprechend setzten sie sich 1977 zusammen und erstellten eine Liste: »Keine Solos, keine Schnörkel; wenn der Text vorbei ist, ist er vorbei; kein Refrain, kein Ausklingen, immer auf den Punkt; keine Amerikanismen.« Diese Liste hat den Wire-Sound geprägt.

Wenn ich eine Entscheidung treffen muss, lege ich Für-und-Wider-Listen an. Bereits 1772 erklärte Benjamin Franklin seinem Kumpel Joseph Priestly: »Ich teile ein Blatt Papier durch eine Linie in zwei Spalten und schreibe über eine Pro und über die andre Kontra […].« Charles Darwin, der überlegte, ob er heiraten sollte? Erstellte eine Für-und-Wider-Liste.

Wenn ich morgens blockiert bin und nicht weiß, was ich in mein Tagebuch schreiben soll, modifiziere ich meine Für-und-Wider-Liste. Ich teile die Seite durch eine Linie in zwei Spalten; in die eine schreibe ich, wofür ich dankbar bin, und in die andere, wobei ich Hilfe brauche – eine Art papiernes Gebet, sozusagen.

»Eine Liste ist eine zweckgerichtete Sammlung«, schreibt Designer Adam Savage. Ich persönlich sehe mir am Jahresende gern an, was hinter mir liegt, und erstelle eine Top-100-Liste meiner besten Ausflüge, Erlebnisse, Lieblingsbücher, Lieblingsalben, -filme etc. Diese Übung habe ich mir vom Cartoon-Künstler John Porcellino gemopst, der auf seiner *King-Cat*-Webseite eine ganz ähnliche Hitliste veröffentlicht. (Auch er ist begeisterter Listenschreiber; er erstellt lange Listen von Plot- und Cartoon-Ideen für seine

DANKE FÜR:

BITTE HILFE:

Comic-Seite, lange bevor er die Ideen in die Tat umsetzt.) Die Listen gleichen einem tipptopp organisierten Tagebuch des gerade vergangenen Jahres. Irgendwie ist es ein tröstliches Gefühl, auf das vergangene Jahr zurückzublicken und zu sehen, was sich alles verändert hat und was immer noch so ist wie zuvor.

Wenn ich mich selbst kopfmäßig auf Spur halten muss, schreibe ich so etwas wie meine persönlichen Zehn Gebote: eine Liste aus Du-sollst-s und Du-sollst-nicht-s. Jetzt, da ich darüber nachdenke … Dieses Buch ist auch so was in der Art.

»Deine Liste ist deine Vergangenheit und deine Zukunft. Hab sie immer bei dir. Sortiere sie nach ›heute‹, ›diese Woche‹ und ›irgendwann‹. Eines Tages schlägt dein letztes Stündchen, bis dahin wird die Liste längst nicht abgearbeitet sein, aber fürs Erste – während du noch am Leben bist – hilft sie dir dabei, nach Relevanz zu sortieren, was du in deiner beschränkten Zeit erledigen kannst.«

Tom Sachs

»Beende jeden Tag und hake ihn ab. Du hast getan, was du konntest. Sicher haben sich Schnitzer und Dummheiten eingeschlichen; vergiss sie, so schnell du kannst. Morgen ist ein neuer Tag, beginne ihn gut und gelassen und in einer gehobenen Stimmung, sodass du dich nicht mit deinem alten Unsinn belastest.«

Ralph Waldo Emerson

BEENDE JEDEN TAG UND HAKE IHN AB.

Nicht jeder Tag läuft so, wie wir es uns vorgestellt haben. Routinen und To-do-Listen haben immer etwas von Wunschdenken. »Man will Perlenfischen gehen«, sagte Jerry Garcia mal, »aber manchmal findet man eben nur Muscheln.«

Das Wichtigste ist, es bis ans Ende eines jeden Tages zu schaffen, ganz egal was unterdessen passiert. Ganz egal wie schwer es ist – halt durch bis zum Schluss, damit du morgen wieder neu loslegen kannst. Nachdem er einen Tag mit seinem fünfjährigen Sohn verbracht hatte, schrieb Nathaniel Hawthorne in sein Tagebuch: »Wir sind den Tag losgeworden, so gut wir konnten.« Manche Tage muss man einfach, so gut es geht, loswerden.

Wenn die Sonne untergeht und du auf den vergangenen Tag zurückblickst, sei nicht zu hart mit dir. Ein bisschen Nachsicht hilft da viel. Bevor du ins Bett gehst, schreib alles auf, was du geschafft hast – und was du morgen erledigen willst. Und dann – Schwamm drüber! Leg dich ohne Altlasten aufs Ohr. Lass einfach dein Unterbewusstsein weiterarbeiten, während du schläfst.

Sogar ein Tag, der auf den ersten Blick wie ein verschwendeter aussieht, kann sich im Nachhinein als zielführend, erfolgreich oder schön erweisen. Als Videogame-Designer Peter Chang noch jünger war, war er ein begeisterter Zeichner, knüllte aber »misslungene« Zeichnungen mitunter frustriert zusammen. Sein Vater überzeugte ihn davon, dass mehr Blätter in den Papierkorb passten, wenn er sie nicht zusammenknüllte. Nach dem Tod seines Vaters fand Peter in dessen Nachlass einen Ordner mit seinem Namen. Als er ihn aufschlug, war er voller alter weggeworfener Zeichnungen.

Haben wir den Tag überlebt?

ja,

die Schlüssel-

frage

an

den finsteren Tagen

Sein Vater hatte sie heimlich aus dem Papierkorb gefischt und die Zeichnungen aufbewahrt, die er für rettenswert hielt.

Jeder Tag ist wie ein frisches, unbeschriebenes Blatt: Wenn du es am Ende befüllt hast, kannst du es aufbewahren oder zusammenknüllen – oder du schiebst es in die Recyclingbox und lässt es erst mal ruhen. Mit der Zeit wird schon klar werden, was es wert ist.

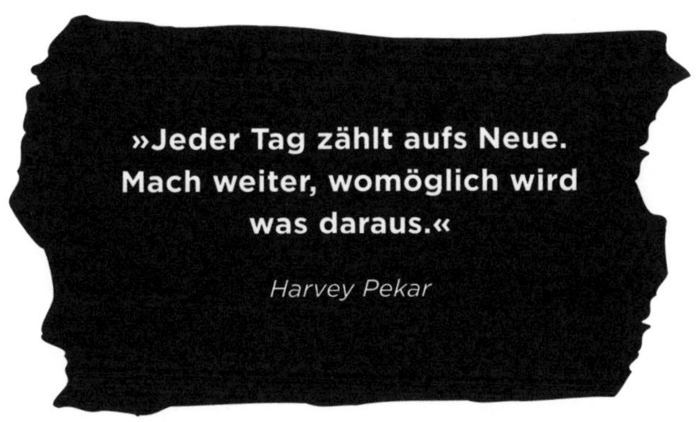
»Jeder Tag zählt aufs Neue.
Mach weiter, womöglich wird
was daraus.«
Harvey Pekar

② SUCH HEILIGEN

DIR EINEN

ORT.

ZIEH DEN STECKER ZUR AUSSENWELT, UM DICH MIT DIR SELBST ZU VERBINDEN.

»Über das Leben an sich lässt sich schwer etwas sagen, solange man sich nicht in die Welt begibt, aber es zu bewerten oder auch nur ansatzweise in Worte zu fassen ist unmöglich, wenn man die Außenwelt nicht schleunigst wieder hinter sich lässt.«

Tim Kreider

Kreativität lebt von Verbindungen: Man muss mit anderen in Kontakt treten, um sich inspirieren zu lassen und seine Gedanken zu teilen. Aber Kreativität lebt auch von Entkoppelung. Man muss sich lange genug aus der Welt zurückziehen, um nachdenken zu können, um Kunst zu schaffen und etwas zu produzieren, das man mit anderen teilen kann. Hin und wieder musst du Verstecken spielen, um etwas hervorzubringen, das entdeckt werden will.

Dabei sind Stille und Einsamkeit ganz wesentlich. Unsere moderne Welt aus Push-Meldungen, nonstop Nachrichten und ununterbrochener Kommunikation bietet die denkbar schlechtesten Voraussetzungen für einen Rückzug, den ein kreativer Mensch braucht, um sich auf seine Arbeit konzentrieren zu können.

In *Die Kraft der Mythen* schreibt Joseph Campbell, jeder benötige einen »heiligen Ort«:

> Sie müssen ein Zimmer oder eine bestimmte Stunde oder so am Tag haben, wo Sie nicht wissen, was den Morgen in der Zeitung gestanden hat, nicht wissen, wer Ihre Freunde sind, nicht wissen, was Sie irgendwem schulden, nicht wissen, was

> irgendwer Ihnen schuldet. Das ist ein Ort, an dem Sie einfach erfahren und herauslassen können, was Sie sind und was Sie sein könnten. Es ist ein Ort schöpferischer Inkubation. Zuerst kann es sein, dass dort nichts geschieht. Aber wenn Sie einen heiligen Ort haben und ihn benutzen, wird irgendwann etwas geschehen.

Spannend – Campbell spricht hier von einem Zimmer *oder* einer Stunde. Ein heiliger Ort muss also kein *Wo* sein, es kann auch ein *Wann* sein. Nicht nur ein heiliger *Ort*, sondern auch eine heilige *Zeit*.

Die Deluxe-Version wäre dann der heilige Ort *und* die heilige Stunde. Allerdings glaube ich, dass man eins davon kompensieren kann. Etwa wenn man eine winzige Wohnung hat und mit kleinen Kindern zusammenlebt, dann wird es für einen heiligen Ort keinen *Platz* geben; aber *Zeit* kann man sich nehmen. Sobald die Kinder im Bett sind oder in der Schule, kann selbst der Küchentisch zu einem heiligen Ort werden. Oder nehmen wir an, dein Tagesablauf ist völlig unvorhersehbar, und du kannst dich nicht darauf verlassen, dass etwas zu einem bestimmten Zeitpunkt passiert. Dann wäre der vorbestimmte *Ort* wichtig, der dir jederzeit zur Verfügung steht.

MEIN HEILIGER ORT IN DER GARAGE

~~EINSCHALTEN~~ STECKER ZIEHEN

~~AUFDREHEN~~ STUMM SCHALTEN

~~HINWERFEN~~ WEITERMACHEN

Klar ist doch, dass am gesündesten ist, wenn wir einen täglichen Fixpunkt definieren, an dem wir uns aus der Welt ausloggen und uns lediglich auf uns selbst eintunen. Kinder, Jobs, Schlaf und tausend andere Dinge werden uns dabei im Weg stehen – und trotzdem müssen wir unseren ureigenen heiligen Ort finden, unsere heilige Stunde.

»Wo ist Ihre Freude?«, fragt Campbell. »Sie müssen versuchen, sie zu finden.«

»Die größte Notwendigkeit unserer Zeit besteht darin, die schiere Menge mentalen und emotionalen Unrats abzuwerfen, der unseren Geist verstopft und aus allem politischen und sozialen Leben eine Massenkrankheit macht. Ohne dieses Großreinemachen können wir nicht klar sehen. Und wenn wir nicht sehen, können wir nicht denken.«

Thomas Merton

DU KANNST WACH WERDEN, OHNE VON NACHRICHTEN GEWECKT ZU WERDEN.

Ein Freund von mir hat mal gesagt, er wisse nicht, wie lange er noch jeden Morgen zu dermaßen schrecklichen Nachrichten aufwachen könne. Ich habe ihm vorgeschlagen, *gar nicht* zu Nachrichten aufzuwachen – und das sollte auch sonst niemand tun.

Es passiert so gut wie nichts in den Nachrichten, was wir unbedingt in den allerersten Minuten unseres Tages wissen müssten. Wenn du gleich nach dem Wachwerden zum Smartphone oder nach deinem Laptop greifst, schreist du regelrecht nach Anspannung und Chaos in deinem Leben. Außerdem vergeudest du die potenziell ertragreichsten Momente im Leben eines kreativen Kopfes.

Viele Künstler haben für sich festgestellt, dass sie gleich nach dem Aufstehen am produktivsten sind: wenn ihr Gehirn ausgeruht ist und sie sich noch in einem fast traumartigen Zustand befinden. Regisseur Francis Ford Coppola sagt, er arbeite gern früh am Morgen, »weil da sonst noch niemand wach ist oder mich anruft oder meine Gefühle verletzt«. Die einfachste Art und Weise, meine Gefühle verletzen zu lassen, ist, gleich als Erstes mein Handy anzumachen. Und selbst in den seltenen Fällen, in denen meine Gefühle nicht verletzt werden, vergeude ich Zeit und belaste mein Hirn.

Denn natürlich belastet es einen, Nachrichten zu hören, ganz gleich wann. Bereits im Jahr 1852 beklagte sich Henry David Thoreau darüber, dass er doch ohnehin nur mehr *eine* Zeitung in der Woche lese und trotzdem nicht das Gefühl habe, seinem Leben und seiner Arbeit hinreichend Aufmerksamkeit zu widmen. »Man braucht mehr als nur einen Tag der Hingabe, um den Reichtum des Tages zu kennen und zu besitzen«, schrieb er. »Es könnte sein, dass wir uns schämen zu sagen, was wir an einem Tag gelesen oder gehört haben. Aber ich weiß nicht, warum *meine* Neuigkeiten so banal sein sollen, wenn man bedenkt, was für Träume und Erwartungen man hegt, und warum die Vorkommnisse so dürftig sein sollen.« Thoreau kam zu dem Schluss, dass seine wache Zeit zu kostbar war, und gab die *Tribune*-Lektüre wieder auf. Über den Daumen gepeilt 166 Jahre später halte ich die Sonntagszeitung für einen guten Kompromiss: Darin steht alles, was ich als informierter Staatsbürger wissen sollte.

Wenn du dein Handy unbedingt als Wecker brauchst, versuch es doch mal so: Vor dem Schlafengehen legst du es ans andere Ende des Zimmers – auf jeden Fall außer Reichweite. Wenn du aufwachst, versuche, nicht gleich draufzuschauen.

LEONARDO DA VINCI HAT MORGENS EINE LISTE VON DINGEN GESCHRIEBEN, DIE ER LERNEN WOLLTE.
MORGENS CHECKE ICH ERST MAL NACHRICHTEN AUF MEINEM HANDY.

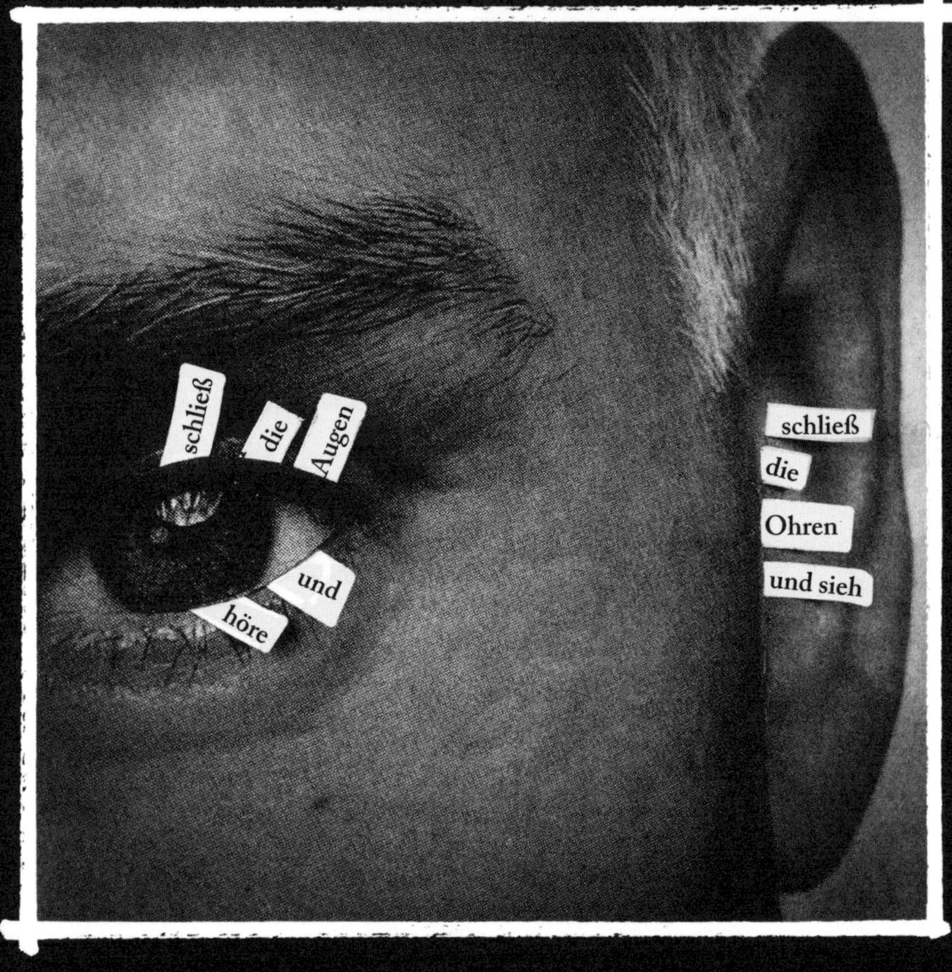

schließ
die
Augen
und
höre

schließ
die
Ohren
und sieh

Es gibt so viel bessere Arten, um wach zu werden: Besuch deinen heiligen Ort, frühstücke, mach ein paar Dehnübungen, geh spazieren, geh joggen, hör Mozart, geh duschen, lies ein Buch, spiel mit deinen Kindern oder sei einfach eine Weile still. Und wenn es nur für eine Viertelstunde ist – nimm dir am Morgen die Zeit, um nicht gleich von Nachrichten erschüttert zu werden.

Das bedeutet nicht, den Kopf in den Sand zu stecken. Es bedeutet, sein inneres Gleichgewicht zu halten und geistig gesund zu bleiben, um dann gestärkt an die Arbeit zu gehen.

Du kannst wunderbar wach werden, ohne von Nachrichten geweckt zu werden.

»Richte den Blick in dein Inneres und nicht auf Werbung, Idioten und Filmstars.«

Dorothea Tanning

»Das Smartphone ist ein Gewinn, aber es beraubt uns auch dreier Schlüsselmomente der Erkenntnis: der Einsamkeit, der Ungewissheit und der Langeweile. Aber genau dort liegt immer schon der Quell aller kreativen Ideen.«

Lynda Barry

DER FLUGMODUS KANN EINE LEBENSHALTUNG SEIN.

Für ihr Langzeitprojekt *Seat Assignment* unternimmt Künstlerin Nina Katchadourian immer wieder längere Offline-Flugreisen und fotografiert mit der Handykamera Gegenstände, die sie für die Reise eingepackt hat, sowie Dinge, die sie in Flugzeugen findet. Sie streut Salzkörner auf die Bilder aus dem Bordmagazin und kreiert so schaurige Fotos von Gespenstern und Geistern. Sie faltet ihren Pulli zu einem Gorillagesicht. Sie wickelt sich auf der Bordtoilette in Klopapier oder in Klobrillen-Überzieher ein und macht Selfies nach dem Vorbild flämischer Porträtmaler.

Während viele von uns mit ihrer Smartphone-Sucht hadern, hat Katchadourian ihr Gerät in ein Werkzeug für ihre Kunst verwandelt. Und am besten ist, dass niemand ahnt, was sie treibt. »Sobald du eine echte Kamera zückst, schreit das doch: ›Achtung, hier entsteht Kunst!‹«, sagt sie. Mit dem Smartphone in der Hand halten die Leute sie bloß für eine gelangweilte Passagierin unter vielen. Für *Seat Assignment* ist sie seit 2010 auf mehr als 200 Flügen gewesen, und bis jetzt, also während ich dies hier schreibe, sagt Katchadourian, hätten sie in all der Zeit bloß ganze *drei* Mitreisende gefragt, was sie da eigentlich treibe.

Wann immer ich seither ein Flugzeug besteige, denke ich über die Kunst nach, die ich schaffen könnte. Mein Creative-Writing-Dozent hat damals gescherzt, der erste Schritt zum Schreiben sei »Arsch auf Stuhl«. Und weil man an Bord eines Flugzeugs Elektrogeräte in den Flugmodus schalten soll und buchstäblich an seinen Sitz gefesselt ist, finde ich, Flugzeuge sind fantastisch geeignet, um zu arbeiten.

* Da sie sich zu Tode langweilte, fing die Künstlerin an zu arbeiten.

ZAHLE NIE FÜR WLAN.
NIEMALS.

LIES EIN BUCH.
SCHREIB EINEN BRIEF.
SPIEL SPIELE.
ZEICHNE COMICS.

STARRE AUS DEM FENSTER.
HINTERFRAGE ENTSCHEIDUNGEN.
DENKE ÜBER DEN TOD NACH.

ABER ZAHLE NIE FÜR WLAN.
AMEN.

Warum aber diese Erkenntnis nicht mit auf den Erdboden nehmen? Du brauchst kein Flugzeug zu besteigen, um den Flugmodus einzuschalten. Schieb dir ein paar billige Ohrstöpsel in die Ohren, koppele Smartphone oder Tablet vom Netz ab, und du kannst jede Pendelstrecke in Bus oder Bahn oder Wartezeit nutzen, um dich mit dir selbst und mit deiner eigenen Arbeit zu verbinden.

Der Flugzeugmodus ist nicht bloß eine Einstellung auf deinem Handy: Er kann auch Lebenshaltung sein.

»Ich muss absagen – aus Gründen.«

E. B. White

LERNE, NEIN ZU SAGEN.

Um deinen heiligen Ort und die heilige Zeit zu beschützen, musst du lernen, die unterschiedlichsten Einladungen aus der Außenwelt auszuschlagen. Du musst lernen, Nein zu sagen.

Der Autor Oliver Sacks ging sogar so weit, dass er ein riesiges »NEIN!«-Schild neben sein Festnetztelefon hängte, das ihn daran erinnern sollte, dass seine Schreibzeit heilig war. Architekt Le Corbusier blieb morgens immer in seiner Wohnung und malte, während er nachmittags in seinem Büro seiner Architektenarbeit nachging: »Jeden Morgen zu malen erlaubt mir, am Nachmittag voll bei Sinnen zu sein.« Er gab sich alle Mühe, seine zwei Identitäten nicht zu vermischen, und signierte seine Gemälde sogar mit seinem Geburtsnamen, Charles-Édouard Jeanneret. Einmal klopfte ein Reporter an seine Wohnungstür und wollte mit Le Corbusier sprechen. Le Corbusier sah ihm ins Gesicht und erwiderte: »Tut mir leid, der ist nicht zu Hause.«

Nein zu sagen ist eine eigene Kunstform. Der Maler Jasper Johns beantwortete Einladungen mit einem großen, handgefertigten »Bedaure«-Stempel. Schriftsteller Robert Heinlein, Literaturkritiker Edmund Wilson und die Redakteure des *Raw*-Magazins erteilten Absagen in Form von Multiple-Choice-Ankreuzkästchen. Heutzutage erhalten die meisten von uns Anfragen in Form von E-Mails. Da hilft es, eine »Nein danke«-Vorlage zur Hand zu haben. In ihrem Artikel *How to Graciously Say No to Anyone* empfiehlt Alexandra Franzen das Folgende: Bedank dich beim Absender dafür, dass er an dich gedacht hat, sag ab, biete aber wenn möglich alternative Unterstützung an.

LIEBE(R) ________,

DANKE, DASS DU AN
MICH GEDACHT
HAST.

LEIDER MUSS
ICH ABSAGEN.

LIEBE GRÜSSE

____

Sag Nein

zu

jedem

der

nicht

ich

ist.

Im Social-Media-Zeitalter macht ein neues menschliches Phänomen von sich reden: FOMO – die Angst, etwas zu verpassen (*Fear Of Missing Out*). Es beschreibt das Gefühl, das dich beschleicht, wenn du durch deine sozialen Netzwerke scrollst: dass nämlich jeder dort draußen viel mehr Spaß zu haben scheint als du selbst. Das Gegenteil davon ist JOMO – die Freude am Verpassen (*Joy Of Missing Out*) – oder wie Blogger Anil Dash erklärt: »Es kann – und *sollte* – eine wohlige, gleichmütige Freude bescheren zu wissen – und zu zelebrieren –, dass Leute dort draußen gerade den Spaß ihres Lebens bei etwas haben, was dir bestimmt auch getaugt hätte, und trotzdem hast du es einfach so sausen lassen.«

Nein zur Welt dort draußen zu sagen, kann schwerfallen, aber manchmal ist es die einzige Art, um Ja zu deiner Kunst und zu deiner geistigen Gesundheit zu sagen.

③ VERG

DAS SUB

NIMM

ISS

STANTIV,

DAS VERB.

„KREATIV" IST KEIN SUBSTANTIV.

»Sie müssen schon etwas tun, um sagen zu können, dass sie etwas getan haben. Den Titel des Künstlers oder Architekten oder Musikers muss man sich irgendwie erarbeiten.«

Dave Hickey

Eine Menge Leute wollen das Substantiv sein, ohne das Verb zu tun. Sie wollen die Jobbezeichnung, ohne die Arbeit zu leisten.

Vergiss, was du sein willst (das Substantiv), und konzentrier dich auf die Arbeit, die du verrichten musst (das Verb). Das Verb auszuführen wird dich wesentlich weiter bringen und ist überdies viel, viel spannender.

Wenn du dir das falsche Substantiv zum Ziel setzt, wirst du auch mit dem falschen Verb zu tun bekommen. Wenn Leute den Wortbestandteil »Kreativ-« in ihre Jobbezeichnung packen, dann unterteilen sie die Welt nicht nur fälschlicherweise in »Kreative« und »Unkreative«; sie wollen einem auch weismachen, dass »kreativ« bedeutet, »kreativ tätig zu sein«.

Nun ist kreativ tätig zu sein nie das Ergebnis – es ist das Mittel zum Zweck. Kreativität ist ein Werkzeug. Kreativität kann zum Einsatz kommen, wenn du dein Wohnzimmer umgestaltest, wenn du ein Meisterwerk malst – oder eine Massenvernichtungswaffe entwickelst. Wenn du einfach nur darauf aus bist, ein »Kreativer« zu sein, dann kannst du deine Zeit auch gleich damit verbringen, wie einer auszusehen: Kauf dir eine Designerbrille, tippe auf einem MacBook Pro, lade Selfies von dir in deinem sonnendurchfluteten Atelier auf Instagram hoch.

Jobbezeichnungen können dich vom rechten Weg abbringen. Wenn eine Jobbezeichnung zu ernst genommen wird, wirst du das Gefühl haben, du musst auf eine ganz bestimmte Weise arbeiten, um deinem Titel gerecht zu werden – leider nur nicht so, wie es deiner Arbeit viel dienlicher wäre. Jobbezeichnungen können dich von Tätigkeiten abhalten, die du doch eigentlich tun könntest; wenn du dich bloß als »Maler« bezeichnest, was passiert wohl, wenn du mal versuchen willst zu schreiben? Wenn du dich lediglich als Filmemacher verstehst – was, wenn du dich mal als Bildhauer versuchen willst?

Wenn du darauf wartest, dass irgendwer dir einen Titel verpasst, noch ehe du die entsprechende Arbeit geleistet hast, wirst du die entsprechende Arbeit womöglich nie zu Ende bringen. Du kannst nicht erwarten, dass jemand kommt, der dich »Künstler« nennt, bevor du künstlerisch tätig geworden bist. So wird das nie etwas.

Falls du das Substantiv jemals erreichen solltest – wenn die begehrte Jobbezeichnung dir von anderen verliehen wird –, dann hör trotzdem niemals mit deinem Verb auf.

Jobbezeichnungen sollten einem nicht wichtig sein; die sind nur wichtig für andere. Sollen sich doch die anderen darüber den Kopf zerbrechen. Verbrenn deine Visitenkarten, wenn es sein muss

Vergiss Substantive generell. Mach einfach die Verben.

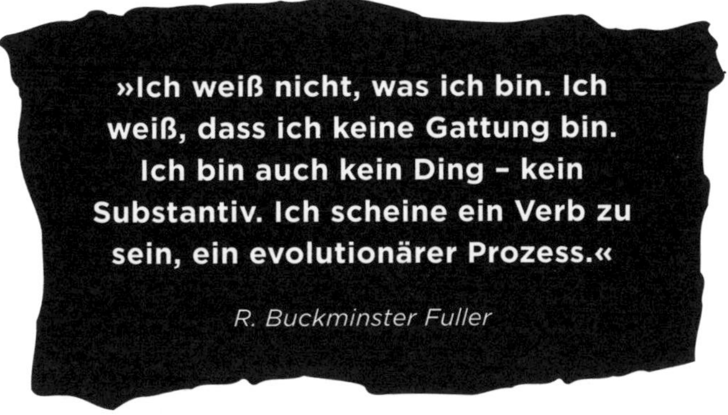

DEINE WAHRE ARBEIT IST SPIELEN.

Kinder lernen die Welt kennen, indem sie spielen. Ein »Kinderspiel« nennen wir Dinge, die uns einfach erscheinen, aber wenn man Kindern tatsächlich mal beim Spielen zusieht, dann ist es alles andere als einfach. »Das Spiel ist die Arbeit des Kindes« – so hat es Maria Montessori einmal formuliert. Wenn meine Kinder spielen, sind sie in ihre Arbeit vertieft; ihr Blick ist wie ein Laserstrahl hoch konzentriert auf gewisse Dinge gerichtet. Die Konzentration steht ihnen ins Gesicht geschrieben. Und wenn ihr Spielzeug oder Material nicht so will, wie sie es haben wollen, ist der Teufel los.

Ihr bestes Spiel indes ist dasjenige, das sie mit Leichtigkeit und Losgelöstheit vom Resultat spielen. Als mein Sohn Jules zwei Jahre alt war, habe ich Ewigkeiten damit zugebracht, ihm beim Zeichnen zuzusehen. Mir war aufgefallen, dass er sich kein bisschen um die fertige Zeichnung scherte (das Substantiv) – seine ganze Energie war auf das Zeichnen an sich (das Verb) gerichtet. Wenn er mit einer Zeichnung fertig war, konnte ich sie ausradieren, wegwerfen oder an die Wand pinnen – es war ihm komplett egal. Er war zudem wenig wählerisch, war mit Buntstiften auf Papier ebenso glücklich wie mit Markern auf einem Whiteboard, mit Kreide auf der Garagenzufahrt oder – was die Leidensfähigkeit seiner Eltern durchaus auf die Probe stellte – mit Malkreiden auf dem Polster der Sonnenliege. (Dann wiederum waren die Zeichnungen so klasse, dass meine Frau beschloss, sie nachzusticken. Aber auch das ließ ihn komplett kalt.)

Das Spiel ist die Arbeit des Kindes, aber auch die Arbeit des Künstlers. Ich war mal im Mission District in San Francisco unterwegs und blieb stehen, um mich mit einem Straßenkünstler zu unterhalten. Als ich mich bei ihm bedankte, weil er sich für mich Zeit genommen hatte, und mich entschuldigte, ihn bei der Arbeit gestört zu haben, erwiderte er: »Fühlt sich für mich nicht nach Arbeit an. Ist eher wie Spielen.«

Große Künstler sind imstande, sich über ihre ganze Karriere hinweg dieses Gefühl des Spielerischen zu bewahren. Kunst und Künstler leiden gleichermaßen, wenn der Künstler zu ernsthaft, zu fokussiert auf das Ergebnis wird.

Es gibt ein paar Tricks, wie man leichtherzig bleibt und in den kindlichen Spielmodus zurückkehren kann. Der Schriftsteller Kurt Vonnegut hat mal einen Brief an eine Highschoolklasse geschrieben und ihnen folgende Hausaufgabe gegeben: Schreibt ein Gedicht und zeigt es keinem. Dann reißt es in Stücke und werft es weg. »Sie werden sehen, dass Sie für Ihr Gedicht schon jetzt einen ganz wunderbaren Lohn erhalten haben. Sie haben das Werden erlebt, eine Menge mehr darüber erfahren, was in Ihnen steckt, und

Sieht aus wie

Arbeit.

Aber für mich

ist

es

ein

Spiel

wie wir Sachen machen

Wir arbeiten hart

bei. M

Spiel

Sie haben Ihre Seele wachsen lassen.« Dies, so Vonnegut, sei der einzige Zweck künstlerischen Schaffens: »Betreiben Sie eine Kunst […], ganz gleich, wie gut oder schlecht […], um Ihre Seele wachsen zu lassen. Im Ernst!« Vonnegut hat diesen Ratschlag im Lauf seines Lebens in Variationen mehrmals wiederholt. Er riet seiner Tochter Nanette, sie möge ein Kunstwerk erschaffen und es anschließend »als spirituelle Übung« verbrennen. (Kunst zu verbrennen hat etwas Kathartisches: Als der Künstler John Baldessari von seinen früheren Kunstwerken angewidert war, ließ er alles einäschern und die Asche in eine Urne füllen.)

Wenn dir die spielerische Herangehensweise abhandengekommen ist, übe um der Übung willen. Du musst ja nicht gleich so dramatisch weit gehen und alles verbrennen.

Musiker jammen auch, ohne gleich alles aufzunehmen. Schriftsteller und Zeichner schreiben und zeichnen und werfen Entwürfe wieder weg. Fotografen schießen Fotos und löschen sie wieder.

Nichts macht beim Spielen mehr Spaß als neues Spielzeug. Such dir unbekanntes Werkzeug, unbekannte Materialien. Such dir etwas Neues, was du ausprobieren kannst.

Ein anderer Trick: Wenn dir nichts mehr Spaß macht, versuche, das *Schlimmste* zu tun, was du zustande bringst. Das hässlichste Bild. Das holprigste Gedicht. Den bescheuertsten Song. Ganz bewusst schlechte Kunst zu schaffen, ist ein Heidenspaß.

Und last but not least: Verbringe Zeit mit Kindern. Spielt Verstecken. Malt mit Fingerfarben. Baut Bauklötzchentürme und bringt sie zum Einsturz. Klau dir zusammen, was immer dir passt. Wenn Buchautor Lawrence Weschler sich über die Struktur eines neuen Textes klar werden muss, spielt er mit seinen eigenen Bauklötzchen: »Meine Tochter darf die nicht anrühren«, sagt er. »Das sind ganz allein meine.«

Bleib nicht stecken. Bewahre dir die Leichtigkeit. Spiele!

»Du musst Dich darin üben, doof, dumm, gedankenlos, leer zu sein. Dann wirst Du in der Lage sein, Dein Ding durchzuziehen, also MACH. [...] Versuch mal, etwas Schlechtes zu machen – das Schlechteste, was Du Dir vorstellen kannst, und guck, was passiert, vor allem aber entspann dich und scheiß auf alles – Du bist nicht für die ganze Welt verantwortlich – Du bist nur für Deine Arbeiten verantwortlich – also MACH ENDLICH.«

Sol LeWitt an Eva Hesse

④ MA GESC

CH

HENKE.

»Gott marschiert aus dem Zimmer, wenn du über Geld nachdenkst.«

Quincy Jones

GIB AUF DEIN WERTVOLLSTES ACHT.

Es gibt da ein aktuelles kulturelles Phänomen, das mich schier wahnsinnig macht.

Angenommen, du hast einen Freund, der fantastische Schals stricken kann. Er strickt, um den Kopf freizubekommen und sich auf langen Zugfahrten die Zeit zu vertreiben.

Eine andere Freundin backt gerne Kuchen. Abends und an Wochenenden steht sie in der Küche, um nach ihrem stressigen Job in einem großen Unternehmen abschalten zu können.

Ihr drei besucht eine Party. Dein Strickfreund schenkt dem Geburtstagskind einen Schal, den er gerade fertig gestrickt hat. Der Schal ist wunderwunderschön.

Was ist heutzutage die Standardreaktion?

»Das könntest du glatt auf Etsy verkaufen!«

Nachdem das Geburtstagskind sein Geschenk aufgemacht hat, überreicht deine Bäckerfreundin ihren Kuchen. Großes Hallo allenthalben.

Und was sagen sie alle?

»Du solltest ein eigenes Café eröffnen!«

Wir sind inzwischen darauf trainiert, Freunden (!) Komplimente zu machen, indem wir uns einer Marketingsprache bedienen. Im selben Moment, da jemandes Talent zutage tritt, schlagen wir vor, dieses Talent zum Beruf zu machen. Dies scheint das Beste zu sein, was wir zu bieten haben: den Leuten weiszumachen, dass sie bei dem, was sie lieben, so gut seien, dass sie Geld damit machen könnten.

Früher hatten wir Hobbys. Heute haben wir Nebentätigkeiten. Je schlechter es meinen Landsleuten zu gehen scheint, je tiefer die Risse im Sicherheitsnetz, je geringer die Arbeitsplatzsicherheit,

WIE MAN ÜBERLEBT

① SUCH DIR ETWAS, DAS DICH INSPIRIERT

② MACH DARAUS EINEN JOB, DER DICH WORTWÖRTLICH AM LEBEN HÄLT

③ UPS! SOFORT ZURÜCK ZU PUNKT 1!

als

er

anfing

Geld zu verdienen

war

Arbeit

uninspiriert,

umso eher wandeln sich Freizeitbeschäftigungen, die uns früher beruhigt haben, von der Arbeit ablenkten und unserem Leben etwas Bedeutung verliehen, zu potenziellen Einkommensquellen, oder sie werden betrachtet wie herkömmliche Broterwerbsjobs.

Ich kann mich wirklich unendlich glücklich schätzen. Ich lebe diesen Traum gewissermaßen, weil ich für etwas bezahlt werde, was ich womöglich tun würde, auch ohne Geld dafür zu kriegen. Allerdings sieht die Sache ganz anders aus, wenn aus etwas, das man liebt, eine Arbeit wird, die für einen selbst plus Familie genug abwerfen muss, um ein Dach über dem Kopf und Essen auf dem Tisch zu finanzieren. Wer seine Leidenschaft in einen Broterwerbsjob verwandelt hat, weiß, dass er sich damit auf dünnes Eis begibt. Eine der einfachsten Methoden, um etwas zu hassen, was man doch eigentlich liebt, ist, es zum Beruf zu machen: dasjenige, das dich geistig am Leben erhält, in etwas zu verwandeln, was dich im wahrsten Sinne des Wortes am Leben erhalten muss.

Man sollte immer im Blick behalten, welche potenziellen Folgen es auf das Leben haben kann, wenn man seine Leidenschaften zu

Geld macht. Es kann durchaus sein, dass man mit einem normalen Broterwerbsjob wesentlich besser dran ist.

Wenn du anfängst, von deiner Arbeit zu leben, widerstehe dem Drang, jeden noch so geringen Aspekt deiner Kreativarbeit zu Geld zu machen. Stelle sicher, dass immer ein kleiner Teil bleibt, den du nicht auf den Markt wirfst – irgendwas Winziges, das du für dich behältst.

Künstler und Freiberufler müssen andauernd mit Durststrecken leben. Kläre für dich, welchen Lebensstil du leben willst, hab deine Ausgaben im Blick und ziehe die Linie zwischen dem, was du für Geld bereit bist zu tun, und dem, was nicht.

Und denk immer daran: Wenn du die größtmögliche künstlerische Freiheit genießen willst, dann halt deine Fixkosten so gering wie nur möglich. Ein freies kreatives Leben bedeutet nicht, ein Leben im Rahmen der eigenen Mittel zu führen, sondern ein Leben deutlich *unter* den eigenen Mitteln.

»Man muss tun, was man liebt«, hören wir von Motivationsrednern. Ich glaube allerdings: Jeder, der Leuten erzählt, sie sollten tun, was sie lieben, und zwar um jeden Preis, sollte gleichzeitig dazu verpflichtet werden, einen Haushalte-Kurs zu geben.

»Man muss tun, was man liebt« + geringe Fixkosten = gut

»Man muss tun, was man liebt« + »Ich verdiene nur das Beste« = Zeitbombe

»Nicht alles, was zählbar ist, zählt,
und nicht alles, was zählt, ist zählbar.«
William Bruce Cameron

IGNORIERE DIE ZAHLEN.

Geld ist nicht die einzige Bezugsgröße, die deine kreative Tätigkeit korrumpieren kann. Deine Arbeiten zu digitalisieren und sie online zu stellen, bedeutet auch, dass sie einer Reihe von Messgrößen unterworfen werden: Webseiten-Aufrufe, Likes, Bookmarks, Shares, Reblogs, Retweets, Follower-Zahlen und vieles mehr.

Es ist relativ leicht, von derlei Messgrößen abhängig zu werden wie von Geld. Und es kann verführerisch sein, die Messgrößen heranzuziehen, wenn man sich entscheiden muss, woran man als Nächstes arbeiten soll – ohne dabei in Betracht zu ziehen, wie wenig aussagekräftig solche Zahlen sind. Ein Amazon-

To Do:

- MACH NICHT ALLES ZU GELD
- DENK NICHT AN DEN NÄCHSTEN SCHRITT
- LASS FRÜCHTE VOM BAUM FALLEN UND VERROTTEN

Verkaufsrang sagt nichts darüber aus, ob jemand dein Buch gleich zweimal gelesen hat oder so begeistert war, dass er es direkt an einen Freund weiterverliehen hat. Instagram-Likes sagen nichts darüber aus, ob eins deiner Bilder bei jemandem über Wochen hängen bleibt. Ein Stream-Count ist nicht das Gleiche wie ein Mensch aus Fleisch und Blut, der zu deinem Livekonzert kommt und anfängt zu tanzen.

Was bedeuten Klicks überhaupt, wenn man das größere Ganze betrachtet? Im Worst Case bedeuten sämtliche Klicks doch bloß, dass irgendwas *Clickbait*, ein Klickköder, war – optimal für die kurze Aufmerksamkeitsspanne. Der schnelle Treffer.

Ich habe schon vor einer Weile festgestellt, dass zwischen dem, was ich liebe und teile, und der Zahl der Likes, Favorites und Retweets keine allzu belastbare Korrelation besteht. Ich habe oft etwas gepostet, was ich mit Begeisterung gestaltet habe – und dort draußen? Schweigen im Walde. Dann poste ich etwas anderes, was mir persönlich halbwegs lahm vorkommt, was mir superleicht von der Hand ging – und das geht dann viral. Wenn ich in so einem Fall die Zahl der Klicks als Maßstab angelegt hätte, um über das nächste Projekt zu entscheiden, glaube ich kaum, dass ich lange mit Herz bei der Sache geblieben wäre.

Wenn du deine Arbeiten online teilst, versuch, die Zahlen zumindest hin und wieder außer Acht zu lassen. Lass nach deinem Post zunehmend Zeit verstreichen, bis du dir das Feedback ansiehst. Poste etwas und sieh frühestens nach einer Woche nach. Schalte die Analyse-Tools für deine Webseite ab und schreib, was immer dir in den Sinn kommt. Lade dir einen Browser-Plug-in herunter, der sämtliche Kennzahlen aus deinen Social-Media-Kanälen löscht.

Wenn du die (quantitativen) Messgrößen eine Weile ignorierst, kannst du dich stattdessen qualitativen Größen zuwenden. War irgendwas gut? So richtig *gut*? Hast *du* es gemocht? Konzentriere dich darauf, was deine Arbeit leistet und nicht messbar ist: was es nämlich mit deiner Seele anstellt.

»Kein Künstler kann nur auf ein Ergebnis hinarbeiten; er muss auch *mögen*, was er tut, um Ergebnisse zu erzielen.«

Robert Farrar Capon

»Tue nichts, nur weil du damit Geld machen willst – denn so wird nie genug Geld abfallen. Und mach nichts, nur weil du damit berühmt werden willst – weil du dich so nie berühmt genug fühlen wirst. Mach Leuten Geschenke – und gib dir damit alle Mühe, sodass die Leute es auch merken und das Geschenk wertschätzen können.«

John Green

WO KEINE GABE IST, IST KEINE KUNST.

Du weißt, was Erfolg ist, oder zumindest hast du eine eigene Vorstellung davon. (Meine ist: wenn Tage so gestaltet sind, wie ich es mir vorstelle.)

»Suckcess« nenne ich Erfolg zu Bedingungen, die jemand anders diktiert. Oder unverdienten Erfolg. Oder wenn irgendwas, was du für richtig ätzend hältst, erfolgreich wird. Oder wenn der Erfolg oder die Jagd danach schlicht und ergreifend nervt.

»Suckcess« ist, was Schriftsteller Jean Cocteau meinte, als er schrieb: »Es gibt eine Art von Erfolg, die schlimmer ist als der Misserfolg.«

In seinem Buch *Die Gabe* schreibt Lewis Hyde, dass Kunst sowohl in einer Art Gabenökonomie als auch in der Marktwirtschaft existiere – dass aber Kunst ohne Gabe unmöglich sei. Wenn unsere Kunst nur mehr von marktwirtschaftlichen Überlegungen gesteuert werde – was generiert Klicks? Was verkauft sich? –, habe sie im Nu die Eigenschaft der Gabe, des Geschenks verloren, die der Kunst zugrunde liegt.

Wir alle durchlaufen bei unserer Arbeit Phasen der Ernüchterung und der Wieder-Verzauberung. Wenn du das Gefühl hast, du würdest gerade deine Gabe verlieren oder hättest sie bereits verloren, ist die schnellste Art und Weise, sie wiederzufinden, aus der Marktwirtschaft auszutreten und *Geschenke zu machen.*

Es gibt nichts Reineres, als für einen besonderen Menschen etwas Besonderes zu machen. Als mein Sohn Owen fünf Jahre alt war, war er von Robotern regelrecht besessen. Wann immer ich erste Anzeichen verspürte, mich selbst oder meine Arbeit zu verabscheuen, schlug ich mir eine halbe Stunde frei und fertigte aus Magazinschnipseln und Klebeband eine Roboter-Collage an. Sobald ich sie ihm überreichte, setzte er sich oftmals sofort hin und fertigte im Gegenzug einen Roboter für *mich* an. So gingen unsere Roboter eine Zeit lang hin und her, bis er – wie es für Kinder typisch ist – das Interesse an Robotern verlor und sich für etwas anderes begeisterte. Diese Roboter gehören trotzdem immer noch zu den besten Dingen, die ich je gemacht habe.

Probier es aus: Sobald du schlecht drauf bist und deine Arbeit zu hassen beginnst, such dir eine besondere Person aus deinem Leben und stelle für sie etwas her. Wenn da mehrere infrage kommen, stelle etwas Spezielles für jeden von ihnen her und mache es ihnen zum Geschenk. Oder vielleicht noch besser: Schenk deine Zeit her und bringe jemand anderem bei, wie man genau das macht, was du machst. Wie fühlt sich das an? Geht es dir damit besser?

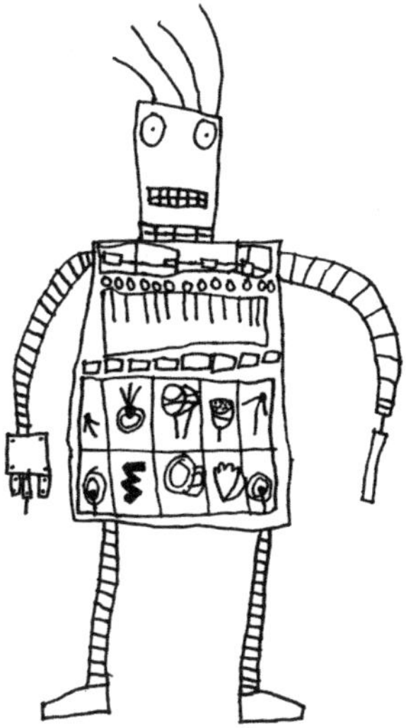

WEN WILLST DU BEEINDRUCKEN?

WENN DU EINES TAGES DEN JACKPOT KNACKST UND PLÖTZLICH EIN RIESENPUBLIKUM HAST, WIRD ES WAHRSCHEINLICH TROTZDEM SO SEIN, DASS FÜR DICH NUR DIE MEINUNG EINIGER WENIGER ZÄHLT. WARUM FINDEST DU NICHT JETZT HERAUS, WER DIESE LEUTE SIND? MACH IHNEN GESCHENKE – UND ZWAR NICHT NUR EINS ...

Man weiß nie, wann ein Geschenk für eine Einzelperson zur Gabe für die ganze Welt werden kann. Man muss doch nur überlegen, wie viele Bestseller ursprünglich als Gutenachtgeschichten für ganz bestimmte Kinder gedacht waren. A.A. Milne hat sich *Pu der Bär* für seinen Sohn ausgedacht, für Christopher Robin Milne. Astrid Lindgrens bettlägerige Tochter Karin bat ihre Mutter, ihr die Geschichte eines Mädchens namens Pippi Langstrumpf zu erzählen. C.S. Lewis überredete J.R.R. Tolkien, die wunderlichen Geschichten, die er seinen Kindern erzählte, in einem Buch niederzuschreiben, aus dem später *Der Hobbit* werden sollte.
Ich könnte die Liste unendlich fortführen.

Geschenke zu machen bringt uns wieder in Kontakt mit dem, was uns gegeben ist – mit unserer *Gabe*.

⑤ DAS

+ EXTRA AUF

= DAS

NORMALE
MERKSAMKEIT
BESONDERE.

DU HAST ALLES, WAS DU BRAUCHST.

»Es ist heute so wahr wie eh und je: Wer Schönheit sucht, wird sie auch finden.«

Bill Cunningham

Einer meiner Kunsthelden war eine Nonne.

In den Sechzigerjahren war Schwester Mary Corita Kent Kunstlehrerin am Immaculate Heart College in Los Angeles. Von einer Andy-Warhol-Ausstellung inspiriert fing sie an, mit der Siebdrucktechnik zu experimentieren. Sie suchte sich Motive aus Werbeanzeigen und von Schildern aus der ganzen Stadt – was immer wir sonst für Mist, Müll und Augenverschmutzung halten – und transformierte sie, indem sie sie aus ihrem Kontext herauslöste, mit handgeschriebenen Songtexten oder Bibelversen kombinierte und sie druckte, als wären es religiöse Botschaften. Auf diese Weise wurde aus einer Wonder-Bread-Tüte eine Botschaft über das Abendmahl. Das große G aus dem General-Mills-Slogan – *The Big G Stands For Goodness* (dt.: »Das große G steht für Güte«) – gestaltete sie so, als hätte es für »Gott« gestanden. Sie zerschnippelte das Safeway-Logo in zwei Wörter und machte daraus eine Art Hinweisschild zum Weg der Erlösung. Gott in jedwedem Kontext zu finden, ist eine der Aufgaben des Gläubigen, und Kent fand Gott in *Werbeanzeigen* – ausgerechnet! Sie eignete sich die menschengemachte »Landschaft« von Los Angeles an – nicht gerade der erste

Ort, an dem man nach Schönem suchen würde –, und fand darin Schönheit.

Kent selbst nannte es einmal: aus gebräuchlichen Dingen etwas Ungebräuchliches machen. (»Ungebräuchlich« war ihr als Begriff sympathischer als »Kunst«.) »Ich betrachte es nicht als Kunst«, sagte sie. »Ich mache einfach bloß Dinge, die mir gefallen, größer.« Sie hatte diesen besonderen Blick auf die Alltagswelt, und diesen Blick hat sie auch ihren Schülern eröffnet. Eine ihrer Aufgabenstellungen bestand darin, dass ihre Schüler etwas herstellen sollten, was sie »Sucher« nannte – ein Stück Papier mit einem rechteckigen Ausschnitt, das den Sucher einer Kamera imitieren sollte. Sie ging mit ihren Schülern nach draußen und trug ihnen auf, die Welt »auszublenden«, damit sie sähen »um des Sehens willen« und Details entdeckten, denen sie ansonsten keinerlei Aufmerksamkeit geschenkt hätten.

Wahrhaft große Künstler sind imstande, das Magische im Alltäglichen zu sehen. Die meisten meiner Lieblingskünstler schaffen außergewöhnliche Kunst unter gewöhnlichsten Umständen und aus gewöhnlichsten Materialien. Harvey Pekar

Teleskope sehen
das Licht
aus dem
Universum
mittels eines Tricks
namens Glas,
es
ist
unser
Job zu wissen, wo man hinsieht

beispielsweise verbrachte den Großteil seines Arbeitslebens in der Verwaltung einer Klinik für Kriegsveteranen in Cleveland. Dort sammelte er Geschichten und kritzelte sie in Form von Strichmännchen-Notizen nieder, aus denen später die Comics seiner Magazinserie *American Splendor* entstanden. Emily Dickinson hockte in ihrem Zimmer und schrieb ihre zeitlosen Gedichte auf die Rückseiten benutzter Briefumschläge. Dada-Künstlerin Hannah Höch bediente sich der Schnittmuster aus ihrem Tagesjob, um ihre Collagen zu kleben. Sally Mann schoss fantastische Fotos von ihren drei Kindern, die auf ihrer Farm in Virginia spielten. (Ihr Freund wiederum, der Maler Cy Twombly, saß gern vor der Walmart-Filiale in Lexington und ließ sich von den dort ein- und ausgehenden Leuten inspirieren.)

Man nimmt leicht an, man müsste nur sein Alltagsleben gegen ein anderes Leben eintauschen, und sämtliche kreativen Hürden wären Geschichte. Wenn man nur seinen Broterwerbsjob kündigen, in eine hippe Stadt ziehen und sich dort ein Atelier mieten könnte – und dann natürlich mit der richtigen Clique aus genialischen Außenseitern abhängen würde! –, dann hätte man es geschafft.

Aber das ist – natürlich – Wunschdenken. Man braucht dicses außergewöhnliche Leben nicht, um Außergewöhnliches hervorzubringen. Alles, was du brauchst, um außergewöhnliche Kunst zu schaffen, findest du in deinem Alltag.

René Magritte hat einmal gesagt, Sinn und Zweck seiner Kunst sei, »neuen Wind in unsere Sicht der gewöhnlichen Dinge [zu] bringen«. Genau das macht der Künstler: Indem er seiner ganz normalen, alltäglichen Umgebung ein klein bisschen Extraaufmerksamkeit widmet, lehrt er uns, unserer Umwelt mehr Beachtung zu schenken. Der erste Schritt, um das Normale, den Alltag in Kunst zu verwandeln, ist also: ihm mehr Aufmerksamkeit widmen.

»Meine Philosophie war immer schon, Kunst aus dem Alltäglichen, Normalen entstehen zu lassen … Es ist mir nie in den Sinn gekommen, von zu Hause fortzugehen, um Kunst zu schaffen.«

Sally Mann

MACH LANGSAM. ZIEH ES IN DIE LÄNGE.

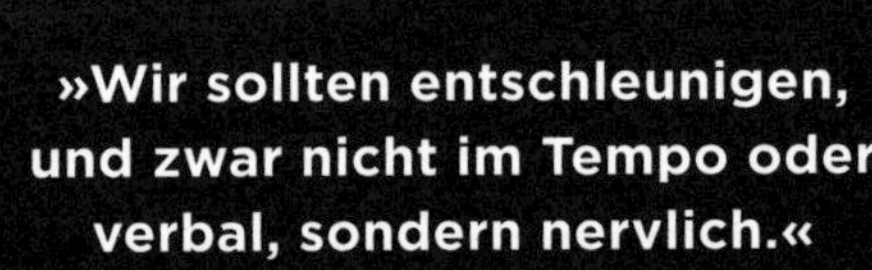

»Wir sollten entschleunigen, und zwar nicht im Tempo oder verbal, sondern nervlich.«

John Steinbeck

Es ist unmöglich, seinem Alltag mehr Beachtung zu schenken, wenn man in Lichtgeschwindigkeit unterwegs ist. Wenn deine Aufgabe sein soll, Dinge zu sehen, die andere nicht sehen, musst du hinreichend entschleunigen, damit du überhaupt *hinsehen* kannst.

In einem Zeitalter, das von Hochgeschwindigkeit geprägt ist, erfordert es spezielle Fertigkeiten, um zu entschleunigen. Erst nachdem Kunstkritiker Peter Clothier die Meditation für sich entdeckt hatte, dämmerte ihm, wie wenig er in Sachen Kunst tatsächlich *hingesehen* hatte: »Oft ertappte ich mich dabei, wie ich im Museum mehr Zeit mit dem Informationsschildchen verbrachte als mit dem Gemälde, das ich mir ansehen sollte.« Von der Slow-Food- und Slow-Cooking-Bewegung inspiriert fing er an, »One Hour/One Painting«-Sessions in Galerien und Museen auszurichten und Besucher dazu zu animieren, eine geschlagene Stunde lang nur ein einziges Bild zu betrachten. »Slow Looking« setzte sich durch: Inzwischen bieten zahlreiche Museen im ganzen Land solche »Slow Looking«-Events an. Zusammenfassend steht das Motto auf der »Slow Art Day«-Webseite: »Wenn Besucher sich Zeit nehmen, um […] zu betrachten, entdecken sie etwas.«

»Slow Looking« ist fabelhaft. Aber ich persönlich muss immer auch mit den Händen arbeiten. Entsprechend ist Zeichnen mein Lieblingswerkzeug, um mich zum Entschleunigen zu zwingen und mein Leben aufmerksamer zu betrachten. Die Menschheit zeichnet seit Jahrtausenden – es ist eine uralte Tätigkeit, für die man lediglich ein paar günstige Materialien braucht, die für jedermann erschwinglich sind. Man muss kein Künstler sein, um zu zeichnen. Man muss nur ein, zwei Augen im Kopf haben.

»Das Zeichnen ist bloß eine andere Art des Sehens, die wir als Erwachsene kaum mehr praktizieren«, sagt Comiczeichner Chris Ware. Stattdessen wandeln wir nur noch in einer »Wolke aus Erinnerungen und Ängsten« herum, wie er es formuliert. Das Zeichnen hilft uns indes, im Moment zu verharren und uns rein darauf zu konzentrieren, was wir wirklich vor uns sehen.

Weil Zeichnen eine Art Übung in genauem Hinsehen ist, kann man ein grottiger Zeichner sein und trotzdem eine Menge daraus ziehen. In einem Blogbeitrag darüber, wie er erst spät im Leben zum Zeichnen kam, schrieb Filmkritiker Roger Ebert: »Indem ich mich irgendwo hinsetzte und etwas zeichnete, zwang ich mich,

ICH WILL FORTAN TÄGLICH IN BERÜHRUNG MIT MEINER SEELE KOMMEN UND MEINEM ALLTAGSLEBEN VOLLE AUFMERKSAMKEIT SCHENKEN.

DAS IST SO INSPIRIEREND!

WELCHE STIFTE UND WELCHES NOTEBOOK BENUTZT DU?

SIEH HIN.

wirklich hinzusehen.« Seine Zeichnungen seien seine »Methode« gewesen, »einen Ort oder einen Moment wesentlich tiefergehend zu erleben«.

Zeichnen hilft uns nicht nur dabei, genauer hinzusehen, es verbessert auch die Laune. »Ein Künstler mit einem Skizzenbuch sieht immer glücklich aus«, stellte Ebert fest. »Es ist einfach überirdisch«, sagte auch Bilderbuchkünstler Maurice Sendak. »Es ist ein magischer Moment, wenn all deine Charakterschwächen, die Macken in deiner Persönlichkeit und alles andere, was dich belastet, einfach in den Hintergrund treten und keine Rolle mehr spielen.«

Die Handykamera ist ein wunderbares Hilfsmittel, um Dinge zu dokumentieren, wenn wir draußen unterwegs sind, aber das Zeichnen beschert uns noch immer etwas Einzigartiges. In den Sechzigerjahren kehrte Fotografenlegende Henry Cartier-Bresson – der in sogenannten »entscheidenden Momenten« das Leben um sich herum auf Film gebannt hat – zu seiner ersten Liebe zurück: zum Zeichnen. Von den Unterschieden seiner beiden Leidenschaften schrieb er in seinem Buch *The Mind's Eye*: »Das Foto ist eine unmittelbare Handlung, die Zeichnung eine Meditation.« Seit 2018 bietet das British Museum seinen Besuchern Stifte und Zeichenpapier an, nachdem man dort festgestellt hatte, dass immer mehr Leute daran interessiert waren, Zeichnungen der Kunstwerke anzufertigen. Einer der Kuratoren sagte diesbezüglich: »Ich habe das Gefühl, dass man länger an einem Objekt verweilt, wenn man Papier und Stift vor sich hat.«

Um zu entschleunigen und der Umwelt mehr Beachtung zu schenken, nimm einen Stift und ein Blatt Papier zur Hand und fang an zu zeichnen, was du vor dir siehst. (Das Beste an einem Bleistift ist, dass er dich nicht mit Textnachrichten oder Push-Meldungen ablenken kann.) Vielleicht hilft dir das, die Schönheit zu finden, die du zuvor übersehen hast.

Oder wie Karikaturist E.O. Plauen mal sagte: »Die Welt wird für den, der zeichnet, schöner, viel schöner.«

»Das Zeichnen ist die Disziplin, bei der ich fortwährend die Welt wieder entdecke. Ich habe gelernt, dass ich das, was ich nicht gezeichnet habe, nicht wirklich gesehen habe, und dass ich, sobald ich etwas zu zeichnen beginne, merke, wie außergewöhnlich es ist, ein reines Wunder.«

Frederick Franck

GIB ACHT, WORAUF DU ACHT GIBST.

»Für alle, die zu ergründen versuchen, was sie mit ihrem Leben anfangen sollen: GIB ACHT, WORAUF DU ACHT GIBST. Das ist mehr oder weniger alles, was du wissen musst.«

Amy Krouse Rosenthal

Deine Aufmerksamkeit ist eins der wertvollsten Dinge, die du besitzt. Deshalb reißen sich alle darum. Gib also gut auf sie Acht – und dann richte sie richtig aus. Oder wie es im Film gern heißt: »Pass auf, wo du hinzielst!«

Was auch immer es ist, worauf du deine Aufmerksamkeit richtest – exakt daraus werden dein Leben und deine künstlerische Arbeit bestehen. »Meine Erfahrung ist, was ich willens bin zu beachten«, schrieb Psychologe William James 1890. »Nur die Dinge, die ich beachte, formen meinen Geist.«

Wir nehmen Dinge wahr, die uns wichtig sind – doch manchmal bleiben ausgerechnet die wichtigsten Dinge vor uns verborgen. Ich schreibe aus unterschiedlichsten Gründen Tagebuch – einer der Hauptgründe jedoch ist, dass es mir dabei hilft, mich auf mein Leben zu konzentrieren. Indem ich mich jeden Morgen hinsetze und über mein Leben schreibe, richte ich genau darauf meine Aufmerksamkeit. Mit der Zeit habe ich so eine Art Nachschlagewerk dessen erstellt, was meine Aufmerksamkeit beansprucht hat. Viele Tagebuchschreiber machen sich nicht die Mühe, ihre Tagebücher noch einmal zu lesen. Dabei habe ich die

Erfahrung gemacht, dass das Lesen die Kraft des Tagebuchs quasi verdoppelt, weil ich auf diese Weise meine eigenen Muster und Routinen entschlüsseln und den Finger darauf legen kann, was mir wirklich wichtig ist – und mich so selbst besser kennenlerne.

Wenn Kunst mit all dem beginnt, worauf wir unsere Aufmerksamkeit richten, besteht das Leben daraus, genau darauf Acht zu geben, worauf wir achten. Setz dir einen regelmäßigen Termin, zu dem du genau betrachtest, worauf du geachtet hast. Lies deine Tagebucheinträge. Blättere in deinem Skizzenbuch zurück. (Comiczeichnerin Kate Beaton hat mal gesagt, wenn sie jemals ein Buch schriebe, würde sie es *Passen Sie auf Ihre Zeichnungen auf* nennen.)

Jemand

an dem dies nicht abprallt

der

will

ich

ab jetzt

sein

Scrolle durch die Bilder auf deiner Kamera. Sieh dir die Filmchen an, die du aufgenommen hast. Hör dir die Stücke an, die du eingespielt hast. (Der Musiker Arthur Russell ging gern ausgiebig in Manhattan spazieren und hörte sich seine Bänder auf dem Walkman an.) Wenn du dir eine Routine zulegst, in der du deine Arbeiten durchgehst, kannst du das große Ganze erkennen – womit du alles in allem beschäftigt warst – und siehst gleichzeitig auch, was du als Nächstes tun solltest.

Sofern du deinem Leben eine neue Richtung geben willst, fang mit alledem an, worauf du deine Aufmerksamkeit richtest. »Wir verleihen Dingen Bedeutsamkeit, wenn wir ihnen Beachtung schenken«, schreibt Jessa Crispin, »entsprechend können wir unsere Zukunft verändern, indem wir uns von einer Sache ab- und einer anderen zuwenden.«

»Aufmerksamkeit ist die elementarste Form der Liebe«, schrieb John Tarrant. Wenn du deinem eigenen Leben Aufmerksamkeit widmest, beschert dir das nicht nur Material für deine Kunst. Es hilft dir auch dabei, dich in dein Leben zu verlieben.

»Sage mir, welchen Dingen du Aufmerksamkeit schenkst, und ich sage dir, wer du bist.«

José Ortega y Gasset

6 KUNST-NEIN

EGOMANEN?

DANKE.

KUNST IST <u>FÜR</u> DAS LEBEN (NICHT UMGEKEHRT).

»Ganz gleich wie glorreich die Geschichte der Kunst: Die Geschichte der Künstler steht auf einem anderen Blatt.«

Ben Shahn

Mein Topfavorit für die dümmste Aussage aller Zeiten über Kunst ist der *60-Minutes*-Kommentator Andy Rooney, der über Nirvana-Frontmann Kurt Cobain nach dessen Selbstmord sagte: »Die Kunst kann nie besser sein als der Mensch, der sie erschafft.«

Werfen wir nur ganz kurz einen Blick zurück auf Jahrtausende der Kunstgeschichte. Wir werden – na, so was! – feststellen, dass eine Menge großartiger Kunstwerke von Idioten, Fieslingen, Arschlöchern, Blutsaugern, Perversen und Schlimmerem erschaffen wurde, die auf ihrem Weg über Leichen gegangen sind. Oder um es wie Jenny Offill in ihrem Roman *Amt für Mutmaßungen* zu sagen: Diese Leute waren die reinsten »Kunst-Egomanen«.

Es ist hart und kann richtig wehtun, wenn man mal überlegt, dass Leute, die wir auf der persönlichen Ebene für Widerlinge halten, durchaus imstande zu sein scheinen, Werke zu erschaffen, die schön, rührend oder in irgendeiner Form nützlich sein können. Wie wir mit dieser Information umgehen und sie verarbeiten und wie wir dann damit weitermachen, ist Teil unseres Arbeitsprozesses.

Andererseits sind wir alle insgeheim kleine Kunst-Egomanen. Wir sind kompliziert. Wir haben Macken. Wir sind alle auch ein kleines bisschen fies. Wenn wir nicht daran glaubten, dass wir mit unserer Kunst ein wenig besser sein könnten als im richtigen Leben – was wäre dann unterm Strich der Sinn und Zweck unserer Kunst?

Ich finde, zumindest heutzutage ist doch ganz ermutigend, dass unsere Kultur mit Kunst-Egomanen zunehmend abrechnet. Dieser grässliche Mythos, nur als Rabenmutter oder -vater, Betrüger, Missbrauchstäter, Säufer oder Drogenabhängiger sei man überhaupt erst imstande, große Kunst zu schaffen – oder könne sich dadurch irgendwie von seinen Taten reinwaschen –, wird langsam, aber sicher demontiert. Sofern große Kunst je die »Du kommst aus dem Gefängnis frei«-Karte für Leute gewesen sein sollte, die als Menschen Monströses verbrochen haben, dann sind diese Zeiten jetzt wohl vorbei. Gut so. Kein Mensch braucht Kunst-Egomanen, sie haben auch keinen ureigenen Glamour – und erst recht keinen Anspruch auf Freispruch, Vergebung oder gar eine Vorbildfunktion.

Große Künstler verhelfen ihren Betrachtern zu einem neuen Blick auf ihr Leben und zu einem Gefühl für die Möglichkeiten, die

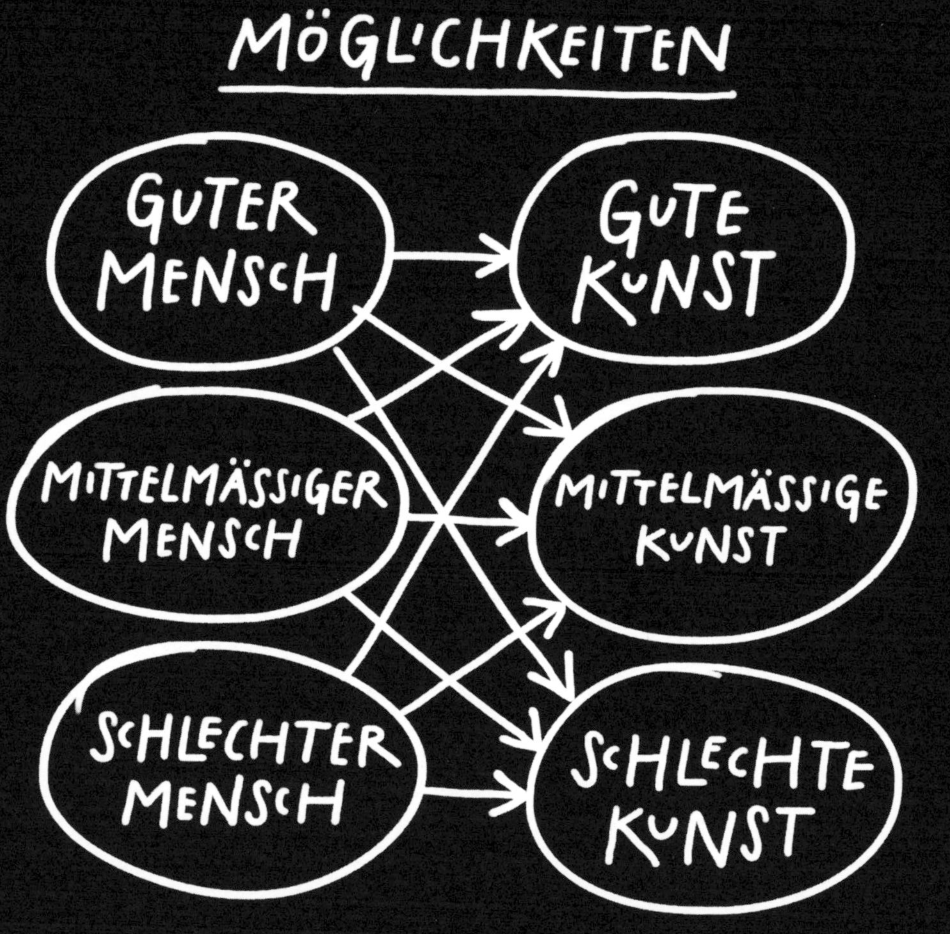

MÖGLICHKEITEN

GUTER MENSCH

MITTELMÄSSIGER MENSCH

SCHLECHTER MENSCH

GUTE KUNST

MITTELMÄSSIGE KUNST

SCHLECHTE KUNST

ihnen offenstehen. »Der höhere Sinn im Leben eines ernsthaften Schriftstellers besteht doch darin, die Menschen vor dem Verzweifeln zu bewahren«, schreibt Sarah Manguso. »Wenn sie dein Buch lesen und sich in der Konsequenz für das Leben entscheiden, hast du deine Aufgabe erfüllt.«

Es ist ganz einfach: Kunst ist dazu da, unser Leben besser zu machen.

Dies gilt für die künstlerische Arbeit ebenso wie für das Kunstwerk an sich. Wenn deine künstlerische Arbeit das Leben eines anderen Menschen ruiniert – oder dein eigenes –, dann ist sie es nicht wert, getan zu werden.

»Für jemanden, der [an der Welt] leidet, besteht leicht die Versuchung zu glauben, ein Leben als Künstler sei die Lösung, obwohl genau dieser Glaube in Wahrheit vielmehr das Problem darstellt«, sagt Autor und Psychologe Adam Phillips in einem Interview. »Möglicherweise halten Sie diese Menschen sogar für ›Opfer‹ des Künstlermythos. Tatsächlich hätten sie besser einen anderen Weg einschlagen sollen.«

Vielleicht bist du nicht zum Künstler berufen. »Vielleicht ist Ihre Berufung, Kinder in Mathematik zu unterrichten oder Spenden für die örtliche Tafel zu sammeln oder eine Firma zu gründen, die Zauberwürfel für Babys herstellt«, schreibt Entertainer Mike Birbiglia. »Aufhören ist immer eine Option. Es liegt noch eine Wahnsinnsmenge Arbeit vor Ihnen, und womöglich ist Ihre Zeit auf einem anderen Gebiet viel besser investiert.«

Sobald deine Kunst zum Elend in der Welt beiträgt, lass die Finger davon. Finde etwas Neues – etwas, das die Menschen um dich herum und dich selbst positiver stimmt.

Die Welt braucht nicht notwendigerweise noch mehr große Künstler. Sie braucht mehr anständige Menschen.

Kunst ist für das Leben da, nicht umgekehrt.

»Ich bin für eine Kunst, die alten Damen über die Straße hilft.«

Claes Oldenburg

7
DU DA
ES DIR
ÜBERL

RFST
ANDERS
EGEN.

»Der Prüfstein für eine erstrangige Intelligenz ist die Fähigkeit, zwei entgegengesetzte Ideen zugleich im Kopf zu haben und doch weiter in Funktion zu bleiben. Zum Beispiel: Man wäre imstande zu sehen, dass die Dinge hoffnungslos liegen, und dennoch fest entschlossen, sie zu ändern.«

F. Scott Fitzgerald

SICH ZU ÄNDERN HEISST, LEBENDIG ZU SEIN.

In einem Zeitungsartikel über den Klimawandel bin ich über das Zitat eines früheren Skeptikers gestolpert: »Wenn Sie niemals Ihre Meinung zu irgendetwas geändert haben, dann kneifen Sie sich – Sie könnten tot sein.«

Wann hast du zuletzt deine Meinung zu einer Sache geändert? Wir scheuen davor zurück, uns Dinge anders zu überlegen, weil wir Angst vor den Konsequenzen haben. Was könnten die Leute denken?

Es wird erwartet, dass man seine Überzeugungen hat und dann dazu steht und sie mit dem Leben verteidigt. Nehmen wir die Politik: Wenn ein Politiker öffentlich seine Meinung ändert, wird ihm das als Schwäche ausgelegt. Als Versagen. Und wehe, man ändert seine Meinung grundlegend – das wäre dann so was von wischiwaschi!

Die sozialen Medien haben uns alle zu Politikern gemacht. Und zu *Marken.* Von uns allen wird heutzutage erwartet, eine eigene *Marke* zu sein, und das Schlimmste, was in dieser Welt passieren kann, ist: die Marke zu verwässern. Deiner Marke treu zu bleiben, heißt, zu einhundert Prozent zu wissen, wer du bist und was du treibst. Allerdings ist diese Gewissheit sowohl in der Kunst als auch im echten Leben komplett überbewertet – und noch dazu ein Hindernis auf dem Weg zu neuen Entdeckungen.

Denn was die Kunst vorantreibt, ist die Ungewissheit. Der Schriftsteller Donald Barthelme schrieb einmal, der natürliche Zustand des Künstlers sei einer der *Unwissenheit*. Und John Cage sagte: Solange er nicht arbeitete, bildete er sich ein, etwas zu wissen, doch sobald er sich an die Arbeit machte, war mit einem Mal klar, dass er gar nichts wusste. »Das ist mehr oder weniger mein Job«,

Ich

dachte

ich lag falsch

bei

allem

Auch damit lag ich falsch.

DAS DUNNING-KRUGER-GEBET

GIB MIR DIE WEISHEIT ZU ERKENNEN, WIE UNWISSEND ICH BIN, UND DEN MUT, TROTZDEM WEITERZUMACHEN.

* ALS DUNNING-KRUGER-EFFEKT WIRD EIN PSYCHOLOGISCHES PHÄNOMEN BEZEICHNET, DAS DER KOMIKER JOHN CLEESE SO ZUSAMMENFASSTE: „DUMME MENSCHEN HABEN KEINE AHNUNG, WIE DUMM SIE SIND."

sagt auch Drehbuchautor Charlie Kaufman. »Ich sitze an meinem Schreibtisch und weiß nicht, was ich tue.«

Man fängt eine Arbeit an, ohne zu wissen, welche Richtung sie einschlagen oder wo man damit landen könnte. »Die Kunst ist die höchste Form von Hoffnung«, sagt der Maler Gerhard Richter. Hoffnung heißt aber nicht, im Vorhinein zu wissen, was am Ende herauskommt – es ist die Vorwärtsbewegung angesichts von Ungewissheit. Es ist die Art und Weise, wie mit Ungewissheit *umgegangen* wird. »Hoffnung ist die Umarmung des Unbekannten und Unwissbaren«, schreibt Rebecca Solnit. Um Hoffnung zu haben, muss man anerkennen, dass man nicht alles weiß und nie wissen kann, was als Nächstes kommt. Nur so ist man imstande, weiterzumachen und weiterhin Kunst zu schaffen: indem man sämtlichen Möglichkeiten offen begegnet und zulässt, dass man sich unterdessen verändert und weiterentwickelt.

Natürlich heißt sich zu entwickeln auch, über gewisse Dinge ernsthaft nachzudenken. Und Nachdenken erfordert ein Umfeld, in dem man alle erdenklichen Möglichkeiten austesten kann, ohne dafür be- oder verurteilt zu werden. Deshalb brauchst du einen Ort, an dem du auch dumme Ideen zulassen darfst.

Das Internet ist leider kein sicherer Ort mehr, um mit Ideen zu experimentieren, erst recht nicht, wenn man eine Zuhörer- oder Leserschaft oder schon seine eigene »Marke« hat. (Dieses grässliche Wort! Als wären wir Vieh, das mit dem Brandeisen markiert wurde.)

Nein – wenn du dich entwickeln und deine Einstellung verändern willst, wirst du dich von deiner Marke lösen müssen – und um diesen Schritt zurück zu machen, ist der Rückzug aus der Online-Welt die beste Maßnahme. Dein heiliger Ort, dein Atelier, ein papiernes Tagebuch, ein privater Gesprächsraum, ein Wohnzimmer, in dem du dich mit vertrauten, lieben Freunden oder der Familie triffst – *das* sind die Orte, an denen man ernsthaft *denken* kann.

GLEICHGESINNT VS. GLEICHHERZIG

»Die Welt braucht dich, der auf einer Party ein ehrliches Gespräch führt, der ›ich weiß es nicht‹ sagt und freundlich ist.«

Charlie Kaufman

ICH DISKUTIERE NICHT MIT WILDFREMDEN IM INTERNET.
ICH DISKUTIERE NICHT MIT WILDFREMDEN IM INTERNET.
ICH DISKUTIERE NICHT MIT WILDFREMDEN IM INTERNET.
ICH DISKUTIERE NICHT MIT WILDFREMDEN IM INTERNET.
ICH DISKUTIERE NICHT MIT WILDFREMDEN IM INTERNET.
ICH DISKUTIERE NICHT MIT WILDFREMDEN IM INTERNET.
ICH DISKUTIERE NICHT MIT WILDFREMDEN IM INTERNET.
ICH DISKUTIERE NICHT MIT WILDFREMDEN IM INTERNET.
ICH DISKUTIERE NICHT MIT WILDFREMDEN IM INTERNET.
ICH DISKUTIERE NICHT MIT WILDFREMDEN IM INTERNET.
ICH DISKUTIERE NICHT MIT WILDFREMDEN IM INTERNET.
ICH DISKUTIERE NICHT MIT WILDFREMDEN IM INTERNET.
ICH DISKUTIERE NICHT MIT WILDFREMDEN IM INTERNET.
ICH DISKUTIERE NICHT MIT WILDFREMDEN IM INTERNET.
ICH DISKUTIERE NICHT MIT WILDFREMDEN IM INTERNET.
ICH DISKUTIERE NICHT MIT WILDFREMDEN IM INTERNET.

Wie oft hören wir: »Da musst du schon selbst draufkommen.« Die Wahrheit ist aber doch: So funktioniert Denken nicht. Wir brauchen andere, die uns auf die Sprünge helfen.

»Von anderen Menschen unabhängig zu denken, ist ein Ding der Unmöglichkeit«, schreibt Alan Jacobs in seinem Buch *How to Think*. »Denken ist eine notwendigerweise zutiefst und ganz wunderbar soziale Angelegenheit. Was immer man denkt, ist eine Reaktion darauf, was ein anderer gedacht oder geäußert hat.«

Das Problem hierbei ist allerdings, dass wir uns zunehmend zu einer Gesellschaft entwickeln, in der sich Gleichgesinnte zu Cliquen und Netzwerken zusammenrotten. Offline zeigt es sich daran, wo Leute wohnen – ob nun aus freien Stücken oder aus Notwendigkeit. Online wird es daraus ersichtlich, welche Webseiten wir besuchen, wessen Feeds wir abonnieren und wie die Algorithmen unserer Online-Netzwerke fein abstimmen, was sie uns anzeigen – nämlich nur das, wovon sie ausgehen, dass wir es sehen wollen.

Dabei fördert die Interaktion mit Menschen, die ausgerechnet *nicht* unsere Einstellungen teilen, dass wir unsere Einstellungen und Überzeugungen überdenken, möglicherweise bestärkt sehen, aber eben mitunter auch durch andere, bessere ersetzen. Wenn wir uns die ganze Zeit nur mit Gleichgesinnten umgeben, haben wir immer seltener die Gelegenheit, uns selbst neu auszurichten. Jeder kennt dieses Gefühl, wenn man mit Leuten abhängt, die dieselben Kunstwerke mögen, dieselbe Musik hören, sich dieselben Filme ansehen: Auf den ersten Blick ist das natürlich bequem. Aber es kann auch unendlich langweilig und stumpfsinnig werden.

Jacobs empfiehlt jedem, der wirklich Ideen austesten will, sich mit Leuten zu umgeben, die nicht gleichgesinnt, sondern vielmehr »gleichherzig« sind: Das seien Menschen, die »von Natur aus offen sind und die Angewohnheit haben zuzuhören«. Die großzügig, freundlich, fürsorglich und umsichtig sind. Die erst »nachdenken«, wenn sie etwas sagen, »statt einfach nur zu reagieren«. Menschen, mit denen du dich wohlfühlst.

Einer meiner Leser hat mir mal geschrieben, er teile zwar meine politischen Ansichten nicht, habe aber das Gefühl, er könne trotzdem hinhören bei dem, was ich zu sagen hätte, und müsse nicht sofort abschalten, sobald etwas komme, was er nicht hören wolle. Er nahm an, es habe mit Kreativität zu tun – dass man einen Draht zu jemandem verspüre, von dem man annehme, er gebe sein Bestes, um neue, schöne Dinge in die Welt zu setzen.

Gib auch du dein Bestes, um gleichherzige Menschen zu finden, bei denen du diesen Draht verspürst.

BESUCHE DIE VERGANGENHEIT.

»Jedes Zeitalter hat seinen eigenen Standpunkt. Es ist besonders gut darin, bestimmte Wahrheiten zu sehen, und neigt besonders zu bestimmten Fehlern. Wir alle brauchen die Bücher, welche die charakteristischen Fehler unserer Zeit korrigieren. Und das bedeutet: die alten Bücher. [...] Um sicher zu gehen, wären die Bücher der Zukunft eine ebenso gute Möglichkeit zur Korrektur wie die Bücher der Vergangenheit, aber leider können wir nicht an sie gelangen.«

C. S. Lewis

Die meisten Menschen sind im Leben so sehr darauf fixiert zu erfahren, was neu ist, dass letztendlich alle über dieselben Dinge nachdenken. Wenn du Probleme haben solltest, Leute zu finden, mit denen du denken kannst, such dir einen Toten. Auch Tote haben eine Menge zu sagen und sind hervorragende Zuhörer.

Lies alte Bücher. Seit Menschengedenken hat es auf dieser Erde Menschen gegeben – und so gut wie jedes Problem dieser Welt ist mit ziemlicher Sicherheit schon mal von jemandem beschrieben worden, der womöglich Hunderte, wenn nicht Tausende Jahre vor dir gelebt hat. Schon Seneca, der römische Politiker und Philosoph, wusste: Wer alte Bücher liest, fügt zum eigenen Leben jene Jahre hinzu, in denen der Verfasser gelebt hat. »Von keinem Jahrhundert sind wir ausgeschlossen, zu allen haben wir Zutritt«, schreibt er – und »warum sollten wir uns da nicht von der nichtigen und flüchtigen Spanne unseres kurzen Lebens aus mit ganzem Herzen in das versenken, was unermesslich, was ewig, was uns mit Besseren gemeinsam ist?« (Das hat er vor fast zweitausend Jahren geschrieben!)

WENN DIR NICHTS EIGENES EINFÄLLT:

1. SUCH DIR EINE BELIEBTE IDEE, DIE DIR ZUWIDER IST UND DIE DU AUS DER WELT SCHAFFEN WILLST.

2. NIMM EINE ALTE ENTGEGENGESETZTE IDEE, DIE LÄNGST VERGESSEN IST, UND ERWECKE SIE ZU NEUEM LEBEN.

Es ist schon erstaunlich, wie wenig sich das menschliche Leben an sich verändert hat. Wenn ich Laotses *Tao Te King* lese, bin ich geplättet, wie sehr jedes einzelne uralte Gedicht im Grunde ein vernichtender Kommentar über heutige Berufspolitiker ist. Ein Ausflug in Henry David Thoreaus Tagebücher zeigt einen Pflanzenfreund, der komplett überqualifiziert, unterbeschäftigt und von der Politik seiner Zeit enttäuscht ist und immer noch bei seinen Eltern lebt. Klingt doch exakt wie diverse Millennials aus meinem Bekanntenkreis.

Wir haben eine echt kurze Erinnerungsspanne. Dabei muss man gar nicht weit in die Vergangenheit zurückgehen, um Dinge zu entdecken, die wir schon vergessen haben. Ein Buch zur Hand zu nehmen, das gerade mal ein Vierteljahrhundert alt ist, kann wie ein Schatzkästchen mit lauter vergessenen Weisheiten sein.

Der schnellste Weg, um dem Getöse unseres modernen Lebens zu entkommen, führt hinaus aus der Blase der Gleichgesinnten: Denk einfach für eine Weile ernsthaft nach. Wende dich der Vergangenheit zu. Sie ist schier unerschöpflich. Und Tag für Tag produzieren wir mehr davon.

⑧ IM
– AUFRÄ

ZWEIFEL
UMEN!

HALTE ORDNUNG BEI DEINEM WERKZEUG UND UNORDNUNG BEI DEN MATERIALIEN.

»Das Durcheinander auf dem Schreibtisch und Boden, die gelben Post-it-Zettel überall, das Whiteboard mit den Kritzeleien: All das ist die sichtbare Manifestation des von Grund auf chaotischen menschlichen Denkens.«

Ellen Ullman

Für Sammler herrschen gerade schlechte Zeiten. Anti-Sammel-Propaganda und Aufräum-Obsession werden befeuert durch Fernsehshows wie *Raus aus dem Chaos* und *Das Messie-Team* und durch unzählige Blogs, in denen penibel aufgeräumte Ateliers und perfekte Wohnungen zelebriert werden. Kulminiert hat das Ganze zu guter Letzt in Marie Kondos Gigabestseller *Magic Cleaning – wie richtiges Aufräumen Ihr Leben verändert*. Auch wenn Kondos Tipps in Sachen Sockenschublade und Küchenschrank ganz sicher Wunder wirken, habe ich ernsthafte Zweifel an ihrer Nützlichkeit für den Künstler.

Mein Atelier beispielsweise ist genau wie mein Kopf immer ein bisschen durcheinander. Hier stapeln sich Bücher und Zeitungen, dort hängen ausgerissene Magazinseiten an der Wand, und Schnipsel liegen am Boden. Dass in meinem Atelier ein bisschen Chaos herrscht, ist allerdings kein Versehen. Ich *liebe* mein Chaos. Ich *kultiviere* es regelrecht.

Kreativität hat mit Verbindungen zu tun, und diese Verbindungen entstehen nicht, indem ich alles an seinen Platz räume und dann die Schublade zuschiebe. Neue Ideen entstehen durch spannende

Gegenüberstellungen, und diese wiederum entstehen nur, wenn Sachen sich *nicht an Ort und Stelle* befinden.

Du magst vielleicht glauben, dass du *effizienter* bist, wenn dein Arbeitsplatz ordentlich ist, und dass du auf diese Weise *mehr zustande bringst.* Vielleicht hilft dir Ordnung bei der Ausführung deiner Tätigkeit, sagen wir, wenn du Grafiker bist, der Reinzeichnungen ausdruckt. Aber es hilft dir kein bisschen, wenn du überhaupt erst mal ein spannendes Motiv für deinen nächsten Ausdruck brauchst. Produktivität mit Kreativität gleichzusetzen ist nun mal grundverkehrt. Produktiv und kreativ zu sein sind zwei Paar Schuhe. In Wahrheit liegt beides sogar oft im Clinch miteinander: Häufig ist man am kreativsten, wenn man nichts produziert.

Natürlich gibt es auch ein Zuviel an Durcheinander. Man erschwert sich die Arbeit, wenn man die Dinge nicht findet, die man zum Arbeiten braucht. Köche haben da eine bestimmte Methode, die sich *Mise-en-place* nennt – was wörtlich übersetzt nichts anderes heißt als »Bereitstellung«. Da geht es um Planung und Vorbereitung: Man stellt sicher, dass sämtliche nötigen Zutaten und Küchengeräte zur Hand sind, bevor man anfängt zu kochen.

UMGIB DICH MIT EINEM DURCHEINANDER AUS DINGEN, DIE DU LIEBST

»*Mise-en-place* ist die Religion aller guten Postenköche«, schrieb Anthony Bourdain in *Geständnisse eines Küchenchefs: Was Sie über Restaurants nie wissen wollten.* »Für einen Koch ist sein Posten und dessen Zustand im Grunde eine Ausdehnung seines Nervensystems.«

Neben der »Religion« nennt Bourdain ein weiteres Schlüsselwort: die Vorbereitung. Das Bereit-Sein. Das sollten wir uns von den Köchen stibitzen. Die meisten von uns brauchen sich um hungrige Gäste oder das Gesundheitsamt zum Glück keine Sorgen zu machen. Wir müssen unseren Arbeitsplatz auch nicht klinisch sauber und rein halten. Wir müssen ihn nur vorbereiten – ihn für all das *bereit* machen, woran wir arbeiten möchten. Der Karikaturist Kevin Huizenga hat mal darauf hingewiesen, dass ein ordentliches Atelier nicht notwendigerweise ordentlich *aussehen* muss. »Wenn überall am Boden Papier herumliegt und das deine Arbeit fürs Erste erleichtert, weil du ständig auf diese Sachen zurückgreifen musst, dann soll es auch am Boden liegen bleiben.«

Zwischen Ordnung und Unordnung am Arbeitsplatz sollte allerdings ein gewisses Gleichgewicht bestehen. Mein Freund

John T. Unger hat dazu die perfekte Regel formuliert: Halte dein Werkzeug in Ordnung und Unordnung bei den Materialien. »Dein Werkzeug muss immer tipptopp bereitliegen, damit du jederzeit Zugriff darauf hast«, sagt er. »Die Materialien dürfen gern kreuz und quer durcheinanderliegen. Einige meiner Arbeiten sind aus purem Zufall entstanden – weil eben Zeug übereinanderlag und ich das fertige Ergebnis so quasi schon vor Augen hatte. Wenn du dann aber nicht zum richtigen Werkzeug greifen kannst, vergeudest du mitunter den ganzen Tag (und Tatendrang und Inspiration), indem du erst danach suchen musst.«

AUFRÄUMEN IST ERKUNDEN.

»Ich finde nie, was ich suche, aber stattdessen finde ich immer etwas anderes.«

Irvine Welsh

Über meinem Schreibtisch hängt eine der *Oblique Strategies* (etwa »Anleitungen zum Querdenken«) von Brian Eno und Peter Schmidt:

Im Zweifel – aufräumen!

Bemerkenswert ist doch, dass es nicht heißt: »*immer* aufräumen«, sondern nur sofern gezweifelt wird. Ich persönlich räume immer dann auf, wenn ich einen Durchhänger oder das Gefühl habe festzustecken. Mein Atelier aufzuräumen wäre – sorry, Frau Kondo! – weder magisch noch würde es mein Leben verändern. Ich sehe es als *produktive Prokrastination* an.

Das Beste am Aufräumen ist, dass meine Hände beschäftigt sind und meine Gedanken frei umherschweifen können und ich entweder a) meinen Durchhänger überwinde oder irgendeine andere Nuss knacke oder b) in meinem Durcheinander zufällig auf etwas stoße, das zu einer neuen Aufgabe führt – wenn ich beispielsweise mit dem Aufräumen anfange und mir ein unfertiges Gedicht in die Hände fällt, das unter einen Papierstapel gerutscht war. Oder wenn ich ein unfertiges Bild finde, das der Ventilator quer durch die Garage geweht hat.

MÖGLICHE REAKTIONEN

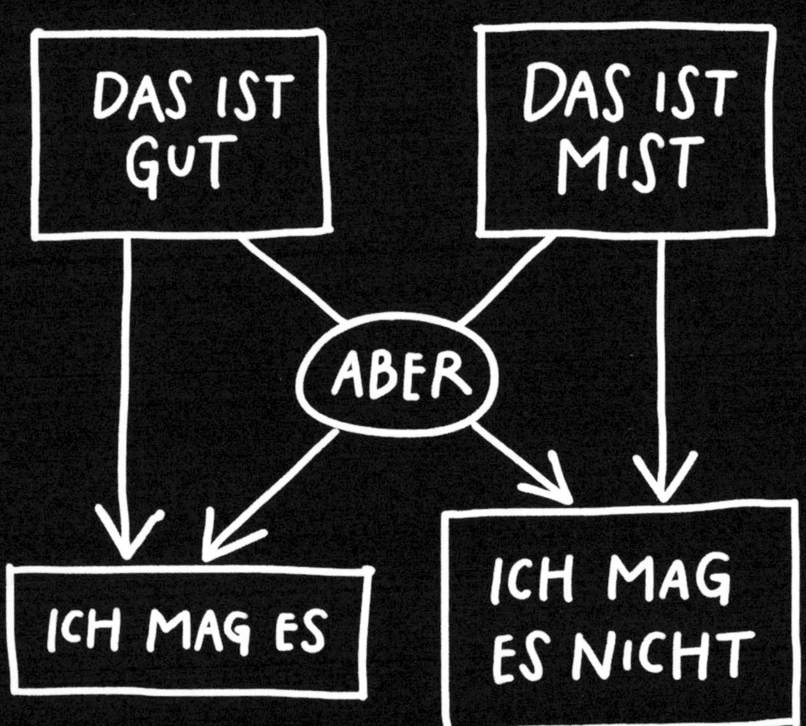

Perfektes Atelier-Aufräumen hat für mich immer auch etwas von Erkunden. Ich will beim Aufräumen gar nicht wirklich sauber machen; ich will wieder in Kontakt zu Dingen kommen, die ich längst vergessen habe und jetzt wieder hernehmen kann.

Dabei handelt es sich um eine langsame, traumwandlerische, grüblerische Art des Aufräumens. Wenn ich über ein vergessenes Buch stolpere, blättere ich willkürlich Seiten auf und sehe nach, ob sie mir irgendwas sagen. Manchmal fallen auch lose Schnipsel heraus wie Geheimbotschaften aus dem Universum.

Oft höre ich dann auf aufzuräumen und bleibe bei der Lektüre hängen. Und das ist genau das Gegenteil dessen, was Marie Kondo empfiehlt. Wenn man Bücher durchsehe, sagt sie, dürfe man »auf keinen Fall [anfangen], darin zu blättern und zu lesen.« Warum? Weil die Entscheidung Wegwerfen versus Behalten »sonst womöglich vom Text überlagert werden würde«. Um Himmels willen!

Wenn man aufräumt, ohne allzu sehr über das Ergebnis nachzudenken, kann es außerdem zu einer Art entspannendem Spiel werden. Insofern: Im Zweifel – aufräumen!

SCHLAF RÄUMT IM KOPF AUF.

»Der Kurzschlaf ist sehr wichtig für meine Arbeitsweise. Nicht Träume, sondern der angrenzende Zustand, die geistige Verfassung beim Aufwachen.«

William Gibson

Wissenschaftler und Philosophen haben lange über den Schlaf und seinen Nutzen gerätselt. Allmählich kommen sie zu der Erkenntnis, die Künstler längst haben: Schlaf ist ein wunderbares Werkzeug, um im Hirn aufzuräumen. Während du schläfst, spült dein Körper quasi den Unrat aus deinem Kopf. Neurowissenschaftlern zufolge fließt die Zerebrospinalflüssigkeit im Hirn schneller, während man schläft, und transportiert Abfall- und Giftstoffe ab, die sich in den Zellzwischenräumen abgelagert haben.

Das Nickerchen ist die Geheimwaffe vieler Künstler. »Wir legen eine Menge Schlafpausen ein«, antwortet Filmemacher Ethan Coen auf die Frage, wie der Kreativprozess der Coen-Brüder aussehe. Für mich ist das Nickerchen die wahrhaft magische Aufräummethode, die zwar auf den ersten Blick unproduktiv wirkt, oft aber zu neuen Ideen führt.

Natürlich ist dabei Nickerchen nicht gleich Nickerchen; da gibt es eine Menge Spielarten. Salvador Dalí beispielsweise hielt dabei gern einen Löffel in der Hand. Wenn er einschlief und den Löffel fallen ließ, schreckte er wieder hoch, war aber immer noch in jenem traumähnlichen Zustand, den er für seine surrealistischen

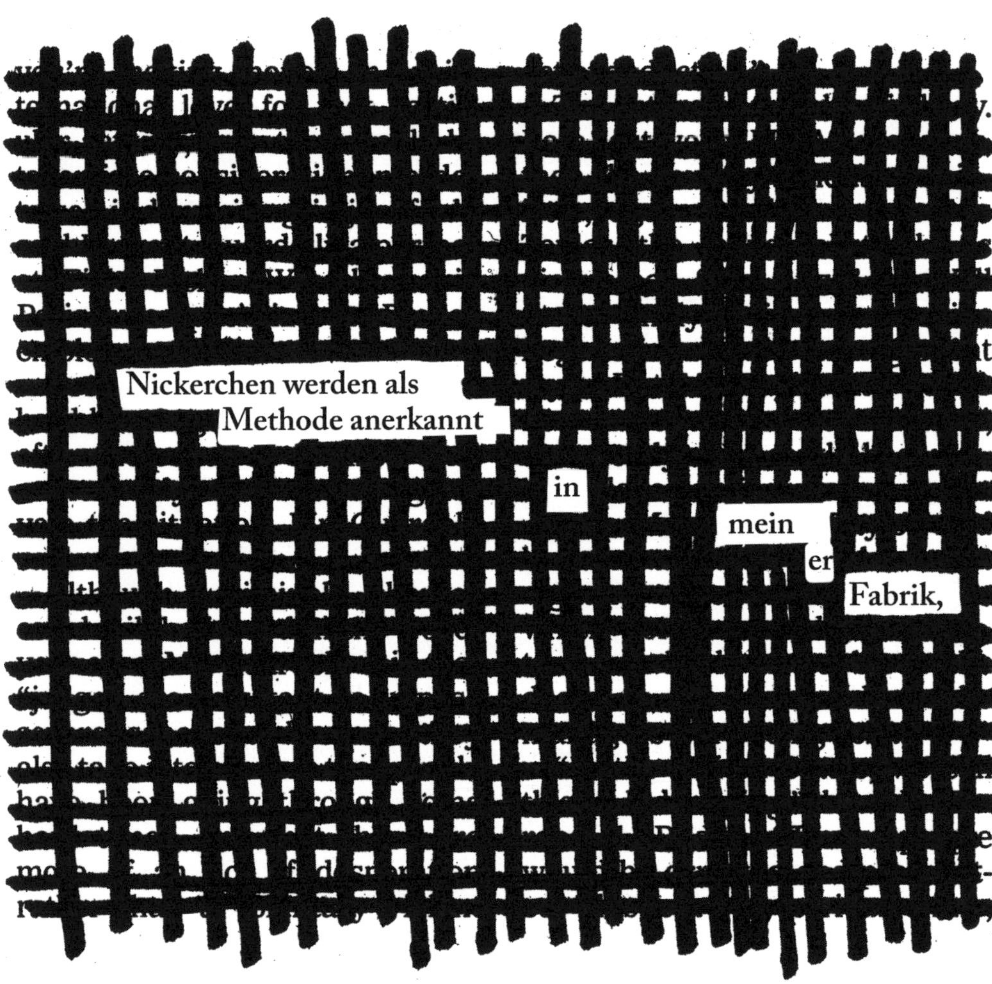
Nickerchen werden als
Methode anerkannt
in
mein
er
Fabrik,

Gemälde anstrebte. Der Schriftsteller Philip Roth erklärte mal, er habe die »Mittagsschlaftechnik« seines Vaters übernommen: ohne Klamotten, dafür mit Decke, so schlafe man besser. »Das Beste ist, wenn man aufwacht und für die ersten fünfzehn Sekunden keine Ahnung hat, wo man sich befindet«, so Roth. »Man weiß nur: Man ist noch am Leben. Das ist Glückseligkeit, reine Glückseligkeit.«

Ich für meinen Teil praktiziere das sogenannte »Koffeinschläfchen«: Ich genehmige mir einen Kaffee oder Tee, lege mich für eine Viertelstunde aufs Ohr, und wenn das Koffein anfängt zu wirken, stehe ich auf und mache mich wieder an die Arbeit.

»Wir leben im Zeitalter der Scheidung: Was eigentlich zusammengehört, wird auseinandergerissen. Und nicht alles lässt sich wieder zusammenfügen. Man kann allerdings tun, was man tun kann: Man kann zwei Dinge nehmen, die zusammengehören, und sie zusammensetzen.«

Wendell Berry

LASS DIE DINGE IN EINEM BESSEREN ZUSTAND ZURÜCK.

Die beste Form magischen Aufräumens findet außerhalb des Ateliers oder jenseits des Arbeitsplatzes statt: indem man seine komplette Umgebung aufräumt.

Der Schriftsteller David Sedaris ist ein geborener Aufräumer. Er erzählt aus seiner Kindheit, dass er hinter seinen Geschwistern her staubgesaugt und aufgeräumt habe. Er ging in Manhattan putzen, als er sein erstes Buch an einen Verlag verkaufte. Inzwischen ist er Bestsellerautor und reich und lebt in einem Städtchen südwestlich von London. Und wie verbringt er seinen Tag? Er sammelt entlang der Straßen Müll.

Richtig gelesen: Einer der beliebtesten Autoren unserer Zeit ist schätzungsweise drei bis acht Stunden am Tag mit Müllsammeln beschäftigt. Sedaris hat im Leben schon so viel Müll aufgeklaubt, dass sie in der Stadt schon einen Müllwagen nach ihm benannt haben: »Pig Pen Sedaris«. Seine Nachbarn nennen ihn den »*litter picker*«. Als ihn die *West Sussex County Times* porträtierte, war in dem Artikel nicht einmal erwähnt, dass er Schriftsteller ist.

Spannend ist allerdings, dass es eindeutig zu Sedaris' Texten passt, dass er Müll sammelt. Wie viele andere Künstler ist auch er ein »Plünderer«, eine Art »Aasfresser«: Er sammelt die Hinterlassenschaften unseres chaotischen Alltags auf – zufällig mitangehörte Gesprächsfetzen, aus der Ferne miterlebte Begegnungen – und verarbeitet sie zu seinen Essays. (Seine gesammelten Tagebücher sind entsprechend mit *Wer's findet, dem gehört's* überschrieben.) Einige seiner Notizen, die er Jahr für Jahr ausdruckt und zu Büchern bindet, enthalten »Abfallfunde«, über die er bei seinen Spaziergängen gestolpert ist.

WENIGER VERZZAGEN
MEHR BEITRAGEN

Kunst besteht eben nicht *nur* aus Dingen, die »glücklich machen«. Kunst besteht auch aus Dingen, die hässlich sind oder uns abstoßen. Teil künstlerischer Arbeit ist insofern auch mitzuhelfen, die Umwelt sauber zu halten, Ordnung ins Chaos zu bringen, Wertloses in etwas Wertvolles zu verwandeln und uns zu zeigen, wo sich etwas Schönes verbirgt, was wir zuvor nicht sehen konnten.

Manchmal hilft es, über einige der Phrasen nachzudenken, die wir im Zusammenhang mit Kreativarbeit gerne verwenden:

MACH DIR EINEN NAMEN.

HINTERLASSE EINE SPUR IN DER WELT.

MOVE FAST AND BREAK THINGS.

Diese Slogans setzen voraus, dass die Welt unseren Namen oder unsere Spur braucht; dass der kosmische Zweck allen künstlerisch-menschlichen Daseins der *Vandalismus* sei.

Dabei ist doch dort draußen ohnehin schon so vieles kaputt. Wir haben auf diesem Planeten schon genug Spuren hinterlassen. Was wir tatsächlich brauchen, sind weniger Vandalen und mehr Aufräumer. Wir brauchen Kunst, die sauber macht. Kunst, die repariert. Kunst, die wiederherstellt.

Formulieren wir also bessere Slogans. Vielleicht entleihen wir uns den hippokratischen Grundsatz:

ERSTENS NICHT SCHADEN.

Oder wir modifizieren ein Schild, das wir auf jedem zweiten Kneipenklo finden:

LASS DIE DINGE IN EINEM BESSEREN ZUSTAND ZURÜCK, ALS DU SIE VORGEFUNDEN HAST.

Wäre doch schon mal ein Anfang.

⑨ DÄMON FRISCHE

EN HASSEN
LUFT.

»Ich habe mir meine besten
Gedanken angelaufen.«
Søren Kierkegaard

SPAZIEREN IST EXORZIEREN.

Fast jeden Morgen, egal ob es regnet oder ob die Sonne scheint, setzen meine Frau und ich unsere Söhne in einen roten Doppelbuggy und laufen drei Meilen durch unser Viertel. Manchmal ist es wirklich hart, oft auch schön; was es aber immer ist: für unseren Tag absolut essenziell. Wir unterhalten uns. Wir schmieden Pläne. Wir schimpfen auf die Politik. Wir bleiben stehen, um mit Nachbarn zu plaudern oder die vorstädtische Tier- und Pflanzenwelt zu bestaunen.

Auf unserem allmorgendlichen Spaziergang kommen uns Ideen, und Buchprojekte werden geplant. Der Spaziergang ist uns sogar

so wichtig, dass wir den inoffiziellen Werbeslogan des United Postal Service gekapert haben: »Weder Schnee, Regen, Hitze noch stockfinstere Nacht hält unsere Zusteller von ihrer zügigen Runde ab!« Vor unserem Morgenspaziergang setzen wir keine Termine oder Besprechungen an. Und wann immer wir einen Nachbarn treffen, beginnt die Unterhaltung nicht selten mit der Frage: »Ach, Sie sind also das Pärchen mit dem großen roten Buggy?«

Der Spaziergang ist eine Wunderkur für Leute, die klar denken wollen. »Solvitur ambulando«, sagte schon vor zweitauend Jahren Diogenes von Sinope: »Es löst sich im Gehen.«

Die Liste berühmter Künstler, Dichter und Wissenschaftler, die gern spazieren oder wandern gingen, durch ihre Stadt oder über Land streiften, ist praktisch unendlich. Wallace Stevens komponierte seine Gedichte unterwegs zu der Versicherungsagentur, bei der er arbeitete. Friedrich Nietzsche konzipierte viele seiner Bücher auf Wanderungen rund um Seen. »Könnte ich nicht schnell und weit wandern«, schrieb Charles Dickens über seine Zwanzigmeilen-marathons durch London, »ich glaube, ich würde explodieren und sterben.« Sowohl Ludwig von Beethoven als auch Bob Dylan wurden von der Polizei angehalten, während sie durch die Vorstadt stromerten – Beethoven in Wien des neunzehnten Jahrhunderts, Dylan im zeitgenössischen New Jersey. Henry David Thoreau, der täglich vier Stunden durch die Wälder rund um Concord spazierte, schrieb: »Mich dünkt, dass in dem Moment, da meine Beine sich zu bewegen beginnen, auch meine Gedanken zu fließen anfangen.«

»Ich laufe los, um meine täglichen Depressionen loszuwerden. Immer nachmittags kippt meine Laune, und eines Tages habe ich das Laufen für mich entdeckt. [...] Ich setze mir irgendein Ziel, und dann passieren unterwegs Dinge.«

Vivian Gornick

Laufen ist gesund für Körper, Geist und Seele. »Ganz gleich wann du wach wirst, geh erst einmal spazieren«, riet Filmemacher Ingmar Bergman seiner Tochter Linn Ullmann. »Die Dämonen hassen es, wenn du aufstehst. Dämonen hassen frische Luft.«

Was ich aus unseren Morgenspaziergängen gelernt habe, ist – ja, beim Gehen wird man seine inneren Dämonen los. Was aber vielleicht noch viel wichtiger ist: Man bekämpft auch die äußeren Dämonen.

Wer auch immer uns durch geschürte Ängste oder Fake News kontrollieren will – Konzerne, Marketingleute, Politiker –, will auch, dass wir in einem fort an unseren Handys und Fernsehern kleben, weil sie uns dort ihre Version der Welt unterjubeln können. Wenn wir nicht rausgehen, wenn wir nicht an der frischen Luft spazieren gehen, dann sehen wir unsere Welt nie so, wie sie tatsächlich ist, und verschaffen uns nie einen eigenen Eindruck, durch den wir Fake News als solche entlarven können.

Kunst erfordert den vollen Einsatz unserer Sinne. Ihre Aufgabe ist es, die Sensibilität für unsere Sinneseindrücke zu steigern.

Bildschirme und Displays sorgen dafür, dass wir unsere Sinne, Sinn und Verstand verlieren. Sie führen dazu, dass wir sinnlich wie betäubt sind. »Sinnlich zu sein bedeutet für mich, die Kraft des Lebens, das Leben selbst zu respektieren und zu feiern und in allem, was man tut, *präsent* zu sein«, schreibt James Baldwin in seinem Essay *Nach der Flut das Feuer.* »Etwas sehr Düsteres passiert mit den Menschen eines Landes, wenn sie anfangen, ihren eigenen Reaktionen derart tief zu misstrauen wie hier, wenn sie so freudlos werden wie hier.« Baldwin argwöhnt, dass wir unseren eigenen Sinneseindrücken nicht mehr glauben: »Ein Mensch, der sich selbst misstraut, hat keinen Prüfstein [mehr] für die Wirklichkeit […].«

Wenn wir vor unseren Displays kleben, dann sieht die Welt dahinter irreal aus. Schrecklich. Unwert, sie zu bewahren oder auch nur Zeit darin zu verbringen. Jeder einzelne Mitmensch kommt einem vor wie ein Troll, ein Wahnsinniger – oder Schlimmeres.

»Was kann ich noch tun?«

denken

gehen

Wenn man aber nach draußen geht und losläuft, *kommt man wieder zu Sinnen.* Klar, es gibt immer eine Handvoll Verrückter und auch Hässlichkeit dort draußen, aber es gibt eben auch Leute, die einen anlächeln, zwitschernde Vögel, Wolken, die hoch oben vorüberziehen – all das. All das sind Möglichkeiten. Spazierengehen ist eine Methode, die Möglichkeiten in deinem Leben auszuloten, selbst wenn es keine mehr zu geben scheint.

Geh also täglich spazieren. Geh lange spazieren und geh alleine. Geh mit Freunden, mit deinem Partner oder der Partnerin oder mit dem Hund. Schnapp dir einen Müllbeutel und einen Stock und mach Müllsammel-Ausflüge wie David Sedaris. Hab für den Fall, dass dir ein Gedanke kommt oder du auf ein Motiv stößt, immer ein Notizbuch oder deine Kamera dabei.

Erkunde die Welt zu Fuß. Erkunde dein Viertel. Lerne deine Nachbarn kennen. Sprich mit wildfremden Leuten.

Dämonen hassen frische Luft.

»Geh raus, geh spazieren. Das ist
das Allerschönste am Leben.«
Maira Kalman

10 LEG
GARTEN

EINEN

AN.

KREATIVITÄT IST SAISONAL.

Nachdem sie dreißig Jahre lang in Los Angeles Nonne gewesen war, zog Corita Kent ans andere Ende des Landes, nach Boston, wo sie in aller Ruhe leben und ihrer Kunst nachgehen wollte. Vor dem großen Erkerfenster in ihrer Wohnung stand ein Ahornbaum, und in diesem Erker saß sie gern und sah zu, wie der Baum sich im Laufe der Jahreszeiten veränderte. (So etwas ist in Los Angeles wesentlich schwieriger – genau wie in Austin, Texas, wo wir nur zwei Jahreszeiten haben: heiß und noch heißer.)

»Dieser Baum wurde in ihren letzten zwei Lebensjahrzehnten zu ihrem besten Lehrer«, sagte ihr früherer Schüler Mickey Myers. »Sie hat von diesem Baum viel gelernt. Die Schönheit, die er im Frühling hervorbrachte, konnte er nur deshalb hervorbringen, weil er sich zuvor durch den Winter gekämpft hatte – und mitunter haben die härtesten Winter die großartigsten Frühlinge hervorgebracht.«

Als ein Journalist sie besuchen kam und fragte, was sie gerade gemacht habe, antwortete sie: »Na ja … dem Ahorn draußen beim Wachsen zusehen. Ich habe früher nie Zeit gehabt, einem Baum beim Wachsen zuzusehen.«

Dann erzählte sie, wie sie im Oktober eingezogen war, als der Baum noch in vollem Laub gestanden hatte, und wie sie zugesehen hatte, wie er im späteren Herbst seine Blätter abwarf. Im Winter seien die Äste schneebedeckt gewesen. Im Frühjahr dann seien erste Knospen gesprossen, da habe der Baum noch kein bisschen nach Ahorn ausgesehen. Erst als die Blätter sich entwickelt hätten, sei der Baum wieder er selbst gewesen.

»Genau so fühlt sich gewissermaßen mein Leben an«, erklärte sie. »Ob das irgendwem anderen auffällt, weiß ich natürlich nicht, aber ich selbst habe das Gefühl, dass sich in mir drin ganz heimlich, still und leise fantastische neue Dinge entwickeln. Und ich weiß, dass diese Dinge genau wie der Ahorn eines Tages in irgendeiner Form aufblühen.«

Für Kent stand der Baum für die Kreativität an sich: Denn wie ein Baum durchläuft auch Kreativarbeit Phasen. Jahreszeiten. Teil unserer Arbeit ist eben auch zu wissen, in welcher Phase wir uns befinden, und uns dementsprechend zu verhalten. Im Winter »sieht der Baum tot aus, aber uns ist klar, dass er tief im Innern einen Prozess durchläuft, der in den Frühling und den Sommer mündet«.

Der Komiker George Carlin beklagte sich darüber, wie besessen wir alle mit vorwärtsgerichteten, sichtbaren Fortschritten seien. »Das ist eine dermaßen amerikanische Einstellung – dass sich alles in einem fort steigern müsse: die Produktivität, der Profit, sogar die Comedy.« Da bleibe kein Raum mehr für Nachdenklichkeit und »keine Zeit, um sich erst mal in sich zurückzuziehen, bevor man sich wieder ausdehnt. Keine Zeit zu wachsen«, so Carlin.

NE W

~~SEKUNDE~~ HERZSCHLAG

~~TAG~~ SONNENAUFGANG

~~WOCHE~~
~~MONAT~~ MOND-
PHASE

~~QUARTAL~~ JAHRESZEIT

~~JAHR~~ WIEDERKEHR
DES FRÜHLINGS

»Keine Zeit, um aus Fehlern zu lernen. Diese Einstellung ist jedoch widernatürlich. In der Natur läuft alles in Zyklen.«

Hab die Rhythmen und Zyklen deines kreativen Outputs im Blick. Übe dich während der »Nebensaison« in Geduld. Du musst dir die Zeit geben, deine eigenen Muster zu durchleuchten und zu verändern. »Lebe jede Jahreszeit, wie sie kommt«, schrieb Henry David Thoreau, »und überlasse dich ihrem Einfluss.«

Eine Methode, um deinen eigenen Jahreszeiten nachzuspüren, wäre, auf Kents und Thoreaus Spuren zu wandeln und die Jahreszeiten in der Natur zu beobachten. Zeichne ein ganzes Jahr lang einmal pro Woche ein und denselben Baum. Beleg einen Schnupperkurs in Astronomie. Sieh eine Woche lang zu, wie die Sonne auf- und

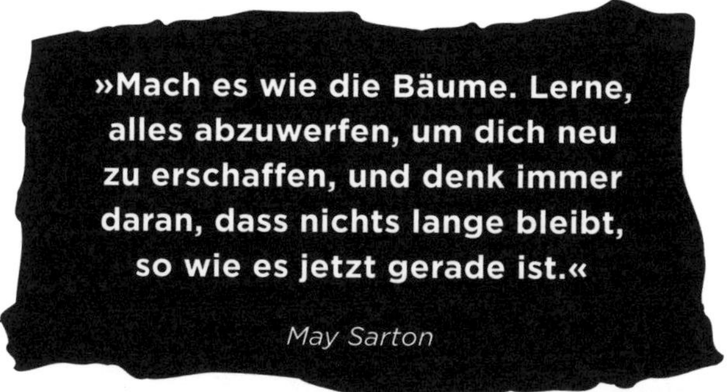

wieder untergeht. Schau dir ein paar Mondphasen lang jede Nacht den Mond an. Versuch, ein Gefühl für nicht-mechanische Zeit zu bekommen, spür nach, ob die Zeit dich neu kalibriert und sich dein Gefühl für die Prozesse in dir verändert.

Auch unser Leben durchläuft Jahreszeiten. Einige von uns stehen in jungen Jahren in voller Blüte, andere blühen erst im hohen Alter auf. In unserem Kulturkreis wird eher früher Erfolg gefeiert, also diejenigen, die früh erblühen. Allerdings altern diese Leute genauso schnell, wie sie aufgeblüht sind. Genau aus diesem Grund blättere ich über jede »35 Leute unter 35«-Liste schleunigst hinweg. Die Einjährigen interessieren mich nicht – mich interessieren die Mehrjährigen, die Winterharten. Ich will Listen von »8 über 80-Jährigen«.

Ich will gar nicht wissen, wie eine Dreißigjährige reich und berühmt werden konnte. Ich will hören, wie eine Achtzigjährige stets zurückgezogen gelebt, sich ihrer Kunst gewidmet und ein glückliches Leben geführt hat. Ich will wissen, wie sich Bill Cunningham tagtäglich auf sein Fahrrad schwang und noch mit

Mitte achtzig durch New York gedüst ist, um Fotos zu machen. Ich will wissen, wie es Joan Rivers bis zuletzt geschafft hat, auf der Bühne zu stehen und Witze zu reißen. Ich will wissen, wie Pablo Casals mit über neunzig jeden Morgen aufstehen und Cello üben konnte.

Das sind die Leute, von denen ich mich inspirieren lassen will. Leute, die *ihr* Ding gefunden haben – was sie lebendig gemacht und am Leben erhalten hat. Leute, die sich als Samen gepflanzt, sich gehegt und gepflegt haben und dann zu etwas Bleibendem herangewachsen sind.

So will ich auch mal sein. Als mein persönliches Motto habe ich den folgenden Satz des inzwischen über achtzigjährigen Malers David Hockney erkoren: »Ich mache so lange weiter, bis ich tot umfalle.«

»Da gibt es kein Messen mit der Zeit, da gilt kein Jahr, und zehn Jahre sind nichts, Künstler sein heißt: nicht rechnen und zählen; reifen wie der Baum, der seine Säfte nicht drängt und getrost in den Stürmen des Frühlings steht ohne die Angst, dass dahinter kein Sommer kommen könnte. Er kommt doch. Aber er kommt nur zu den Geduldigen, die da sind, als ob die Ewigkeit vor ihnen läge, so sorglos still und weit. Ich lerne es täglich, lerne es unter Schmerzen, denen ich dankbar bin: *Geduld* ist alles!«

Rainer Maria Rilke

»Es wird gesagt, dass ein östlicher Monarch seine Weisen einst beauftragte, ihm einen Satz vorzulegen, der zu allen Zeiten und in allen Situationen ihm immer vor Augen sein sollte. Sie legten ihm den Satz vor: ›Auch dies wird vergehen.‹ Wie ausdrucksvoll dieser Satz ist! Wie zurechtweisend in der Stunde des Stolzes! Wie tröstlich in den Tiefen der Anfechtung! ›Auch dies wird vergehen.‹«

Abraham Lincoln

AUCH DIES WIRD VERGEHEN.

Die »äußeren Dämonen«, die ich im vorigen Kapitel erwähnt habe – die Männer, die alles daransetzen, diesen Planeten zu zerstören, indem sie ihn wie das Zerrbild eines Lex Luthor um des Profits willen ausschlachten –, auch die werden vergehen. Sie werden diese Erde genauso verlassen müssen wie wir selbst. Vielleicht reißen sie uns dabei mit in den Abgrund, sehr wahrscheinlich sogar. Aber letzten Endes vergehen wir alle. Ganz egal was passiert – das hier vergeht, aber die Dämonen vergehen ebenso. Ich finde das tröstlich.

Das Haus, in dem wir wohnen, ist gute vierzig Jahre alt. Wenn man es im größeren Kontext betrachtet, ist das nicht wahnsinnig alt – aber meine Kinder klettern auf Bäume, die schon in der Nixon-Ära dort standen. Ich habe von unseren älteren Nachbarn in Gesprächen während unseres Morgenspaziergangs erfahren, dass ein Ehepaar das Haus gebaut hatte und die Dame des Hauses ganz verrückt war nach ihrem Garten. Meine Frau hat inzwischen ebenfalls mit dem Gärtnern begonnen: Sie pflückt ganze Sträuße aus den Blumen, die die frühere Besitzerin gepflanzt hat.

Aus unserem Badezimmer sieht man in den hinteren Teil des Gartens. Wenn die Natur ruft, dann lege ich eine Schreibpause ein und sehe durchs Fenster meiner Frau dabei zu, wie sie in der Erde wühlt, unseren Söhnen die verschiedenen Pflanzen zeigt und ihnen essbare zum Probieren anbietet. Wenn ich mir das ansehe, bin ich selbst an den trübsten Tagen wieder hoffnungsfroh.

ALLES EINE FRAGE DER WEITSICHT.

Ich beackere
meinen Garten
weil
Was sonst könnte ich tun, als mir
die Zeit zu
vertreiben

Weil das Gärtnern Geduld und Aufmerksamkeit erfordert, haben Gärtner auch einen einzigartigen Sinn für Zeit und Entwicklungen.

Die Monate vor Ausbruch des Zweiten Weltkriegs gehörten zu den schrecklichsten im Leben von Virginia und Leonard Woolf, weil sie »hilflos und hoffnungslos« mitansehen mussten, was sich vor ihren Augen anbahnte. Leonard schrieb später, mit das Schlimmste sei gewesen, Hitlers Reden im Radio zu hören – »diese unzivilisierten und wahnsinnigen Tiraden eines rachsüchtigen Außenseiters, der urplötzlich die Chance witterte, übermächtig zu werden«.

Eines Nachmittags pflanzte er gerade violette Iris im Garten unter dem Apfelbaum, »als ich mit einem Mal hörte, wie Virginia durchs Wohnzimmerfenster nach mir rief«.

Hitler hielt soeben eine weitere Rede.

Doch Leonard hatte genug.

»Ich komme nicht mehr«, rief er zurück. »Ich pflanze Iris, und die werden noch blühen, wenn er längst tot ist.«

Und er hatte recht. In seiner Autobiografie *Downhill All the Way* schreibt Leonard Woolf nämlich auch, dass selbst einundzwanzig Jahre nach Hitlers Selbstmord im Führerbunker unter dem Apfelbaum im Garten ein paar der violetten Blumen immer noch blühten.

Ich weiß nicht genau, was für Pflanzen ich im Lauf meines Lebens auf diesem Planeten noch pflanzen werde, aber ich habe vor, es herauszufinden. Und das solltest du auch.

Jeder einzelne Tag ist ein potenzieller Samen, der zu etwas Schönem heranwachsen kann. Für Trübsinn bleibt da keine Zeit. »Man sollte sich darüber freuen, dass man so ein Glück hatte, geboren zu werden«, so der Dichter Mark Strand. »Die Wahrscheinlichkeit, geboren zu werden, ist nämlich astronomisch gering.« Niemand von uns weiß, wie viel Zeit er hat, insofern wäre es eine Schande, die Zeit, die wir haben, zu verschleudern.

»Genau *das* ist der Moment, in dem Künstler an die Arbeit gehen. Wir haben keine Zeit, verzweifelt zu sein, keinen Ort für Selbstmitleid, kein Bedürfnis nach Stille, keinen Raum für die Angst. Wir ergreifen das Wort, wir schreiben, wir nutzen die Sprache. So heilt eine Gesellschaft. Ich weiß, die Welt ist verwundet und blutet, und auch wenn wir natürlich den Schmerz nicht ignorieren dürfen, ist es entscheidend, sich nicht der Niedertracht zu unterwerfen. Genau wie im Scheitern stecken im Chaos Informationen, die zu Erkenntnissen führen – sogar zu Weisheiten. Wie die Kunst.«

Toni Morrison

GIB NICHT AUF!

Wann immer das Leben dich zu überwältigen droht, geh zurück zu Kapitel eins und denke über deine Tage nach. Gib dein Bestes, sie so zu füllen, dass sie dich deinem Ziel ein Stückchen näher bringen. Sei nicht allzu streng mit dir. Nimm dir Zeit. Mach dir keine Gedanken, du könntest gewisse Dinge nicht fertig kriegen. Mach dir eher Gedanken, welche Dinge es wert wären, begonnen zu werden. Zerbrich dir nicht den Kopf, ob du ein großer Künstler bist. Versuch lieber, ein guter Mensch zu sein, der künstlerisch tätig ist. Versuch auch nicht, dir um jeden Preis einen Namen zu machen. Versuch eher, Dinge besser zu machen, als sie vorher waren.

Und arbeite weiter. Spiele weiter. Zeichne weiter. Sei weiter aufmerksam. Höre weiter zu. Denk weiter nach. Hab weiter Träume. Sing weiter Lieder. Tanze weiter. Male weiter. Bildhauere weiter. Designe weiter. Komponiere weiter. Schauspielere weiter. Koche weiter. Suche weiter. Gehe weiter. Erforsche weiter. Mach anderen weiter Geschenke. Leb weiter dein Leben. Und gib weiter Acht.

Mach mit deinen Verben weiter, welche auch immer es sein mögen.

Gib nicht auf.

„IN DIESER
IMMER NOCH
GEMACHT
— ANTHONY

WELT MUSS KUNST WERDEN."

BOURDAIN (1956–2018)

UND JETZT?

- STELL DEIN HANDY AUF FLUGMODUS.
- SCHREIB EIN PAAR LISTEN.
- LASS DIR VON EINEM KIND ZEIGEN, WIE MAN SPIELT.
- MACH JEMANDEM EIN GESCHENK.
- RÄUM AUF.
- MACH EIN NICKERCHEN.
- GEH AUSGIEBIG SPAZIEREN.
- SCHENK DIESES BUCH JEMANDEM, DER ES UNBEDINGT LESEN MUSS.
- ABONNIERE MEINEN WÖCHENTLICHEN NEWSLETTER AUF

AUSTINKLEON.COM

„BÜCHER WERDEN AUS BÜCHERN GEMACHT."

—CORMAC MCCARTHY

- HENRY DAVID THOREAU, TAGEBÜCHER
- URSULA FRANKLIN, THE REAL WORLD OF TECHNOLOGY
- NEIL POSTMAN, WIR AMÜSIEREN UNS ZU TODE
- DAVID ALLEN, WIE ICH DIE DINGE GEREGELT KRIEGE
- TOVE JANSSON, DIE MUMINS
- ANDREW EPSTEIN, ATTENTION EQUALS LIFE
- LAOTSE, TAO TE KING
- JAMES P. CARSE, ENDLICHE UND UNENDLICHE SPIELE
- KERI SMITH, MACH DICH AUF
- ALAN JACOBS, HOW TO THINK

WEITERE QUELLEN

S. 18: Ian Svenonius: *22 Strategien für die erfolgreiche Gründung einer Rockband.* Deutsch von Uta Goridis und Egbert Hörmann. Metrolit, Berlin 2014

S. 21: Annie Dillard, zit. nach Robert Rowland Smith: *Im Bett mit Kant oder das Gefühl von Nichts am frühen Morgen*. Deutsch von Ralf Pannowitsch. Piper, München 2009

S. 22: Christoph Niemann: *Sunday Sketching*. Knesebeck, München 2016

S. 25: Mason Currey: *Musenküsse. »Für mein kreatives Pensum gehe ich unter die Dusche.«* Deutsch von Anna-Christin Kramer. Kein & Aber, Zürich 2014

S. 25: Mason Currey und Arno Frank: *Mehr Musenküsse. »Am kreativsten bin ich, wenn ich bügle.«* Deutsch von Anna-Christin Kramer. Kein & Aber, Zürich 2015

S. 26: Charles Dickens: *David Copperfield.* Deutsch von Gustav Meyrink. Projekt Gutenberg

S. 34: Benjamin Franklin, zit. nach *Rheinische Blätter*, Nr. 6 vom 11. Januar 1817, Schellenberg Hofbuchhändler und Buchdrucker, Wiesbaden

S. 47: Joseph Campbell: *Die Kraft der Mythen*. Deutsch von Hans-Ulrich Möhring. Zürich/ München: Artemis-Verlag, Zürich/München 1994

S. 54: Henry David Thoreau: *Über die Pflicht zum Ungehorsam gegen den Staat: und andere Essays*. Deutsch von Walter E. Richartz. Detebe, Zürich 2014, ohne Seitenangabe

S. 78: Kurt Vonnegut, zit. nach Shaun Usher: *More Letters of Note*. Heyne, München 2016. Dieser Brief übersetzt von Eike Schönfeld

S. 83: Sol LeWitt, zit. nach Shaun Usher: *Letters of Note. Briefe, die die Welt bedeuten*. Heyne, München 2014. Dieser Brief übersetzt von Lisa Kögeböhn

S. 94: Tim Ferriss: *Tools der Mentoren*. Deutsch von Petra Pyka, Kimiko Leibnitz und Sascha Mattke. FinanzBuch Verlag, München 2017, ohne Seitenangabe

S. 121: Frederick Franck: *Zen in der Kunst des Sehens*, zit. nach https://www.comic-tempel.de/product_info.php?info=p29366_buch--die-magie-des-zeichnens---hc.html

S. 131: Jenny Offill: *Amt für Mutmaßungen*. Deutsch von Melanie Walz. Penguin, München 2017

S. 135: Claes Oldenburg, zit. nach Laszlo Glozer: *Westkunst. Zeitgenössische Kunst seit 1939 (Ausstellungskatalog)*. Dumont, Köln 1981

S. 138: F. Scott Fitzgerald: *Der Knacks*. Deutsch von Walter Schürenberg. Merve Verlag, Berlin 1984

S. 143: Gerhard Richter: *Text 1961 bis 2007. Schriften, Interviews, Briefe*. Hrsg. von Dietmar Elger und Hans Ulrich Obrist, Verlag der Buchhandlung Walter König, Köln 2008

S. 150: C.S. Lewis: »Vom Lesen der alten Bücher«, in: *God in the Dock*; hier zit. nach http://jonaserne.blogspot.com/2013/08/c-s-lewis-vom-lesen-der-alten-bucher.html

S. 151: Seneca: *Die Kürze des Lebens/De brevitate vitae*. Übersetzt und herausgegeben von Gerhard Fink. Tusculum Studienausgaben, De Gruyter Akademie Forschung 2011

S. 159: Anthony Bourdain: *Geständnisse eines Küchenchefs*. Deutsch von Dinka Mrkowatschi. Blessing, München 2001

S. 165: William Gibson, zit. nach Alex Soojung-Kim Pang: *Pause: Tue weniger, erreiche mehr*. Deutsch von Jochen Lehner. Arkana, München 2017

S. 178: Søren Kierkegaard, zit. nach Achill Moser: *Zu Fuß hält die Seele Schritt: Gehen als Lebenskunst und Abenteuer.* Atlantik, Hamburg 2016

S. 181: Charles Dickens, zit. nach John Forster: *Mein Freund Charles Dickens*. Bd. 1. Deutsch von Friedrich Althaus. Severus Verlag, Hamburg 2014

S. 182: Henry David Thoreau: *Tagebuch III*. Deutsch von Rainer G. Schmidt. Matthes & Seitz, Berlin 2018

S. 184: James Baldwin: *Nach der Flut das Feuer*. Deutsch von Miriam Mandelkow. Dtv, München 2019

S. 199: Rainer Maria Rilke: *Briefe*. An Franz Xaver Kappus aus Viareggio bei Pisa (Italien) am 23. April 1903, zit. nach http://www.rilke.de/briefe

S. 200: Abraham Lincoln, zit. nach Don Henson und Paul Kieffer: »Die Stufen des Trauerns«, in: *Gute Nachrichten*, Die Vereinte Kirche Gottes e.V., JULI-AUGUST 2006/Jahrgang 10, Nr. 4

DIESES BUCH ENTSTAND AUS MEINEN TAGEBÜCHERN…

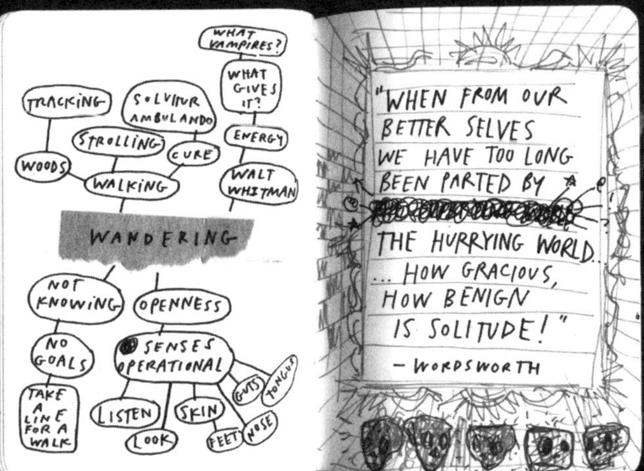

2017 HAS BEEN A SLOW PROCESS OF DISCONNECTING FROM DIGITAL LIFE AS A WAY OF RE-CONNECTING WITH LOCAL PLACES AND THE INTERNAL STATE. WALKING IS THE EASIEST WAY TO DROP OUT OF THE ONLINE FEED AND ENGAGE ALL 5 ANALOG SENSES, TO SEEK OUT DISCOVERIES IN OUR EVERYDAY WORLD, AND THEN WRITING, BY HAND, ALLOWS US TO CALL FORTH WHAT IS INSIDE US, TO DISCOVER + RECORD.

WAYS OF THINKING WHILE MINIMIZING DISTRACTION

2018 - A
2018
2018
2017
2017
2017
2017
2017
2017
2017
2016 JUL

24 – JUN 21

AR 7 – APR 23

N 21 – MAR 6

– 2018 JAN 20

25 – DEC 11

EP 4 – OCT. 24

17 – JULY 20 – SEPT 3

JUNE – JULY 20

APRIL – JUNE 3

MARCH – APRIL 26

JAN – MAR

2017 JAN

"THE LAST YEAR HAS FORCED US ALL INTO POLITICS.... WE DO NOT BREATHE WELL. THERE IS INFAMY IN THE AIR... [IT] ROBS THE LANDSCAPE OF BEAUTY, and TAKES THE SUNSHINE OUT OF EVERY HOUR..."

– RALPH WALDO EMERSON, 1851

ZINES

IF I JUST MAKE A ZINE A MONTH, CAN I STAPLE THEM TOGETHER at the END and CALL IT A BOOK?

Danke euch,

Danke, dass ich

da sein

darf

Danke an Megan, meine Frau, erste Leserin und überhaupt meine Nummer eins. An meinen Agenten, Ted Weinstein. An meinen Lektor, Bruce Tracy, und all die tollen Leute bei Workman Publishing, vor allem Dan Reynolds, Suzie Bolotin, Page Edmunds, Rebecca Carlisle, Amanda Hong, Galen Smith, Terri Ruffino, Diana Griffin und so weiter und so fort. An Andy McMillan und sein Team von Backerkit Bond für die Einladung, einen Vortrag zu halten, der letztlich dieses Buch inspiriert hat, und an Paul Searle und sein Team, die den Vortrag gefilmt haben. An meine Freunde, Kollegen und Fürsprecher aus der Ferne, allen voran Alan Jacobs, Wendy MacNaughton, Matt Thomas, Kio Stark, John T. Unger, Frank Chimero, Kelli Anderson, Clayton Cubitt, Ann Friedman (besonders für ihren Artikel *Not Every Hobby Is a Side Hustle*), an Steven Tomlinson, Steven Bauer (»Arsch auf Stuhl«), Olivia Laing (besonders für die Leonard-Woolf-Geschichte), Brian Eno, Brian Beattie und Valerie Fowler, Ryan Holiday, Maria Popova, Seth Godin, Jason Kottke, Edward Tufte, Levi Stahl, Laura Dassow Walls (für die herausragende Thoreau-Biografie), Deb Chachra (die mich mit Ursula Franklin bekannt gemacht hat) und Lynda Barry. An all meine wundervollen Leser und klugen, hilfsbereiten Newsletter-Abonnenten. Und zu guter Letzt an meine Söhne, Owen und Jules, die meine allerliebsten Lieblingskünstler sind und mich jeden Tag neu inspirieren.

NOTIZEN